Elke van der Linde
Ursula Schagerl

Kursbuch jahrgangsübergreifender Unterricht

Oldenbourg

Oldenbourg PRAXIS Bibliothek 255

Bibliografische Information Der Deutschen Nationalbibliothek
Die Deutsche Nationalbibliothek verzeichnet diese Publikation in der Deutschen
Nationalbibliografie; detaillierte bibliografische Daten sind im Internet
über http://dnb.d-nb.de abrufbar.

Das Papier ist aus chlorfrei gebleichtem Zellstoff hergestellt, ist säurefrei und recyclingfähig.

1. Auflage 2007

Druck 11   10   09   08   07
Die letzte Zahl bezeichnet das Jahr des Drucks.

Umschlagkonzept: Mendell & Oberer, München
Umschlaggestaltung und -illustration: Lutz Siebert-Wendt, München
Lektorat: Stefanie Fischer
Herstellung: Ulrike Seeliger
Illustrationen: Kristina Klotz, München; Uta Bettzieche, Leipzig, S. 125, 126, 129,
242; Ute Krause, Berlin, S. 202
Fotos: Elke van der Linde
Satz: Greipel-Offset, Haag/Obb.
Druck und Bindung: Schneider Druck GmbH, Rothenburg ob der Tauber

ISBN 978-3-486-**00414**-4
ISBN 978-3-637-**00414**-6 (ab. 1. 1. 2009)

Inhaltsverzeichnis

Anstelle eines Vorwortes 5

1. **Jahrgangsübergreifender Unterricht** 6
   ... ist ein alter Hut 6
   ... ist auch eine Antwort auf den familiären und gesellschaftlichen Wandel . . 7
   ... ist auch eine Antwort auf eine andere Sicht des Lernens 8

2. **Welchen Gewinn bringt eine jahrgangsgemischte Eingangsstufe?** 9
   • Momentaufnahmen aus einer jahrgangsübergreifenden Klasse 11

3. **Vor dem Start:**
   Wichtige Bedingungen für das Gelingen des jü-Unterrichts 14
   • Möglichkeiten der Klassenbildung 14
   • Elterninformationsabend über das jü-System/Transparenz für Eltern 16
   • Rolle der Lehrerin 20
   • Teambildung 21
   • Klassenzimmergestaltung 24
   • Stundenplangestaltung 30
   • Vorbereitung der Gruppe 2-Kinder auf die Unterrichtsorganisation einer
     jahrgangsübergreifenden Klasse 32
   • Der Einschulungstag 33

4. **Unterrichtsorganisation in der jü-Klasse** 37
   • Das Werkstattprinzip 37
     Intention 37
     Unterrichtspraxis 37
       Lernangebote in einer Werkstatt 38
       Auftragskarten 39
       Das Chefprinzip 40
       Die Arbeitskarte 43
       Regeln 44
       Wichtige Kleinigkeiten 46
     Immer Werkstattarbeit? 48
   • Mathematik 49
     Struktur und Inhalte 49
     Unterrichtspraxis 94
     Immer Regalsystem Mathematik? 99
   • Der Schriftspracherwerb 100
     Entwicklungsmodell 102
     Leistungsfeststellung im Schreiben und Lesen 104
     Unterrichtspraxis 105

5. **Werkstätten für den jahrgangsübergreifenden Unterricht** 114
  - So geht's los: 115

1.Schritt : Die ersten 2 Wochen

2.Schritt : Die nächsten 3 Wochen

3.Schritt : Bis zu den Herbstferien

  - Praxismaterial zur Durchführung der drei Schritte 121

Beispiele für komplette Werkstätten im jahrgangsübergreifenden
Unterricht 173
  - Winter und Schnee 174
  - Frühling und Ostern 215

An dieser Stelle möchte ich mich ganz besonders bei meinem Kollegen Roman Ruess bedanken. Gemeinsam haben wir den Mathematikunterricht und viele Werkstätten für jahrgangsübergreifende Klassen entwickelt, durchgeführt, reflektiert und so kontinuierlich in unseren Klassen verbessert.
Bedanken möchte ich mich ebenso bei Herbert Weiß (Schulleiter der Weststadtschule Ravensburg), der uns immer mit ganzem Herzen und aus vollen Kräften in unserem Tun bestätigt und unterstützt hat.

Anstelle eines Vorwortes

Die neuen Erstklässler kommen und keiner merkt es!

Welche Erstklasslehrerin kennt den Stress der ersten Schulwochen nicht:
25 (oder mehr) wissenshungrige, erwartungsvolle, aber auch orientierungslose, am „Rockzipfel hängende" Kinder nehmen einen gleichzeitig in
Beschlag.

Seit wir in einer jü-Klasse unterrichten, haben wir diesen Schulanfangsstress
nicht mehr:

12 wissenshungrige, erwartungsvolle und orientierungslose Kinder werden
von

12 selbstständigen, selbstbewussten „großen" Schulkindern (Zweitklässlern) mit Freude und Stolz in Empfang und an die Hand genommen.

Regeln und Rituale werden selbstverständlich übernommen.

Schulalltag wird „ganz nebenbei" von Groß und Klein bewältigt.

Miteinander leben in der Schule findet seine Fortsetzung im miteinander Lernen, welches durch die Altersmischung hervorragend gelingen kann.

Im jahrgangsübergreifenden Unterricht findet im besonderen Maße ein Arbeiten statt, das

- soziales, selbstständiges und selbsttätiges Lernen fördert
- den Entwicklungsstand des Kindes berücksichtigt
- ein individuelles Arbeitstempo zulässt
- Lernen von den Großen ermöglicht (Modelllernen).

Mit diesem Buch möchten wir Ihnen einen Praxisleitfaden für jahrgangsübergreifendes Unterrichten bieten, der Sie

- neugierig macht, die Einführung einer jahrgangsgemischten Eingangsstufe
  zu wagen und
- der Ihnen den Start und die Durchführung von jü-Unterricht inhaltlich und
  organisatorisch so aufzeigt, dass Sie denken: Jetzt weiß ich, wie es geht.

1. Jahrgangsübergreifender Unterricht

... ist ein „alter Hut"

Reformpädagogen wie Maria Montessori und Peter Petersen haben schon Anfang des 20. Jahrhunderts ausgeführt, dass Unterricht die individuelle Entwicklung eines jeden Kindes zulassen muss und beispielhaft gezeigt, wie dies im Unterrichten möglich ist.

Maria Montessori spricht von Potentialitäten, die jedes Kind in sich trägt. Damit das Kind diese Potentialitäten in den sogenannten sensiblen Phasen (Zeiten besonderer Lernbereitschaft) entfalten und weiterentwickeln kann, formuliert Maria Montessori bestimmte Ansprüche an

- das Material, mit dem die Kinder arbeiten
- die „vorbereitete Umgebung"
- die Rolle der Lehrerin
- und die Zusammensetzung der Lerngruppe.

Auf die Altersmischung legt Maria Montessori besonderen Wert wegen des anregenden Bildungsgefälles, das weniger zu eifersüchtigem Konkurrenzdenken führt. Vor allem aber ermöglicht die Altersmischung den Kindern, ihre sozialen Erfahrungen in vielfältigen Situationen zu machen.
Auch verweist Maria Montessori darauf, dass Kinder in vielen Situationen jüngeren Kindern besser etwas erklären, zeigen und lehren können als Erwachsene, weil sie ihnen sprachlich näher sind.

Der Reformpädagoge Peter Petersen forderte eine Schule, die nicht reine Lehrschule ist, wie sie bis Anfang des 20. Jh. vertreten wurde.
Unterricht muss neben der Aneignung von Kenntnissen und der Bildung von Erkenntnissen pädagogische Situationen schaffen, in denen die Schüler miteinander handeln können.
Petersen gründete sogenannte Jena-Plan-Schulen, die nach den Grundsätzen einer Arbeits- und Lebensgemeinschaftsschule arbeiten.
Auch hier ist die Altersmischung in sogenannten Stammgruppen (Mischung der Schüler nach verschiedenen Jahrgängen im Sinne von Meister, Geselle und Lehrling) ein wichtiges Element.
Petersen führte ebenfalls das Argument des Bildungsgefälles an. Er sah durch den Altersunterschied eine vermehrte geistige und allgemein menschliche Anregung und Förderung.
Mit den neuen Schülern kommen neue Anregungen hinzu, neue Aufgaben und Pflichten für Lehrer und ältere Schüler. Die Sozialbildung wird erleichtert.

(Vergl. Dietrich, Theo, Die Pädagogik Peter Petersen – eine Herausforderung an die Gegenwart)

An einigen Privatschulen findet schon seit vielen Jahren in verschiedenen Jahrgangskombinationen jahrgangsübergreifender Unterricht statt. Dieser „alte Hut" jahrgangsübergreifender Unterricht hält nun in den letzten Jahren durch die Veränderungen im Bildungssystem immer mehr Einzug in die Schuleingangsstufe der staatlichen Grundschulen.

... ist auch eine Antwort auf den familiären und gesellschaftlichen Wandel

Die Bildung von Jahrgangsklassen ist, historisch gesehen, vor allem eine Folge der altersmäßig festgelegten Schulpflicht. Man nahm an, dass die intellektuelle Entwicklung des Kindes an das körperliche Wachstum gekoppelt ist und in festen Phasen verläuft, sodass ein gleichschrittiges Vorgehen möglich und sinnvoll ist.

Uns ist, nicht nur durch die reformpädagogische Bewegung, sondern durch unser tägliches Tun bewusst, dass es auch innerhalb eines Jahrgangs die relativ homogene Lerngruppe nicht gibt.
Die natürliche Variationsbreite der Leistungsfähigkeit innerhalb eines Jahrgangs kann in einer Jahrgangsklasse nur zum Teil berücksichtigt werden.

Zu dieser **natürlichen** Bandbreite kommen durch unseren gesellschaftlichen Wandel weitere Faktoren hinzu:

Die Geburtenrate ist in Deutschland in den letzten 25 Jahren um cirka 50 % zurückgegangen. Das heißt, nur ein Drittel der Heranwachsenden kann Erfahrungen mit Geschwistern machen und dadurch seine sozialen Kompetenzen weiterentwickeln.
Gerade Geschwisterbeziehungen sind
– für die Vermittlung von Handlungsmustern
– für das Ausprobieren von Macht und Unterwerfung
– für den Erwerb von Konfliktbewältigungsstrategien
äußerst relevant.

Die Berufstätigkeit beider Elternteile und/oder der Anteil der Alleinerziehenden nehmen rapide zu. Stetige und konstante Beziehungen leiden häufig darunter.
Das Bedürfnis nach menschlicher Nähe und konkreten Bezugspersonen wird oft materiell, z. B. durch Fernsehen und Computer ersetzt. Diese Gegenstände sind für einen Großteil der heutigen Kinder Sozial- und Spielpartner geworden.

Als Folge der unterschiedlichen Sozialisationsbedingungen ist heute bei Schuleintritt kein Kind mehr mit dem anderen in seiner Entwicklung vergleichbar. Nicht nur die kognitive, sondern auch die soziale und emotionale Entwicklung der Kinder differieren im erheblichen Maße.

Diese Unterschiede in der Entwicklung erfordern vom Lehrenden ein Berücksichtigen und Eingehen auf individuelle Lern- und Sozialbedürfnisse.
Wir stoßen jedoch durch die Jahrgangsstruktur an inhaltliche und organisatorische Grenzen der Differenzierung.

... ist auch eine Antwort auf eine andere Sicht des Lernens

Eine Sicht von Unterricht als planbare „Weitergabe von Wissen aus Büchern oder Lehrerköpfen in Kinderköpfe"[1] widerspricht dem heutigen Lernverständnis. Demnach kann Lernen nicht von außen gesteuert werden, es ist vielmehr ein aktiver Prozess des Lernenden, bei dem er neue Erfahrungen deutet, ordnet und sie mit vorhandenem Wissen verknüpft. (Denken Sie daran, dass die Zeit des höchsten Lernzuwachses eines Menschen vor dem Schuleintritt liegt!)

Bereits mehrfach wurde untersucht, was der Schüler, ja, was wir **alle** beim Lernen behalten:
10 % von dem, was wir gelesen haben,
20 % von dem, was wir gehört haben,
35 % von dem, was wir gesehen haben,
50 % von dem, was wir gesehen und gehört haben.[2]
Und – jetzt wird es für die Lehrer in einer jahrgangsübergreifenden Klasse besonders interessant – die Behaltenskurve steigt noch weiter:
75 % von dem, was wir wiedergegeben haben, bzw. noch einmal selbst erklärt haben,
95 % von dem, was wir uns selbst erarbeitet und durch eigene Handlung erfahren haben.[3]

Hier finden wir genau diejenigen Unterrichtsprinzipien als besonders ertragreich bestätigt, die wir im jahrgangsgemischten Unterricht einsetzen wollen:

- Das Lernen durch Lehren und
- das Lernen am eigenen Tun (Werkstattunterricht).

---

1) Brügelmann, Hans, Schule verstehen und gestalten, Verlag Libelle, Konstanz 2006, S. 51
2) Brügelmann, Hans, Schule verstehen und gestalten, Verlag Libelle, Konstanz 2006, S. 81 f.
3) s. o.

Brügelmann formuliert in „Schule verstehen und gestalten" motivierende und lernförderliche Bedingungen. Natürlich sind diese in jeder Klassenform gültig und umsetzbar; in der jahrgangsgemischten Klasse aber ermöglichen sie erst den Ablauf eines Schultages unter den besonderen Bedingungen:

- Verantwortung für selbst gewählte Aufgaben,
- gemeinsame Lösung von Problemen,
- die wechselseitige Nutzung von unterschiedlichen Kompetenzen in der Gruppe,
- größere kognitive Nähe von „Könner" und „Novize",
- Lernen „im Gebrauch" statt Lernen „auf Vorrat"[4]).

Was Kinder in Klassen mit bewusst eingesetzter Leistungsheterogenität „voneinander und miteinander und manchmal auch füreinander lernen, ist mindestens ebenso viel und wichtig wie das, was wir Erwachsenen ihnen beibringen können."[5])

Durch den Rollenwechsel in der Jahrgangsmischung (nach einem Schuljahr wird in der Regel aus dem „Lernanfänger" ein „Lehrender") können die Kinder auf zweierlei Weise davon profitieren:

- Erklärungen von Kindern für andere Kinder sind sprachlich näher und deshalb u. U. verständlicher,
- das erklärende Kind profitiert für sein eigenes Lernen durch Strukturieren und Formulieren.

2. Welchen Gewinn bringt eine gemischte Eingangsstufe?

Immer wieder wird uns diese Frage in Fortbildungen zum jahrgangsübergreifenden Unterricht gestellt. „Keine von uns arbeitet doch noch so, als wenn sie eine homogene Klasse vor sich hätte."
„Wir differenzieren natürlich in einer Jahrgangsklasse, um der Bandbreite von Kindern, die dort sitzen (mit Wiederholern und vorzeitig Eingeschulten doch auch eine jahrgangsübergreifende Gruppe!), gerecht zu werden."
Diese oder ähnliche Sätze tauchen immer wieder auf – und vielleicht überlegen auch Sie gerade dasselbe.

Eine gut strukturierte Jahrgangsmischung – wenn möglich gleich viele Erst- und Zweitklässler – bietet noch viele weitere Vorteile gegenüber einem gut differenzierten Jahrgangsunterricht.

4) Brügelmann, Hans , Schule verstehen und gestalten, Verlag Libelle, Konstanz 2006, S. 171 f.
5) Bambach, Heide, in: „So funktioniert die Offene Schuleingangsstufe", Verlag an der Ruhr, Mühlheim 2005

Der Baustein Altersgefälle/Altersheterogenität innerhalb einer jahrgangsübergreifenden Klasse initiiert folgende Effekte und Möglichkeiten:

- *Regeln und Rituale sowie Arbeits- und Lerntechniken werden durch Modelllernen vermittelt.*
  Wir müssen Regeln und Rituale nicht mehr einführen oder erklären. Wir tun es einfach; die „Kleinen" schauen es sich bei den „Großen" ab oder erkundigen sich bei den „Großen".

- *Die „Großen" erkennen an den neu Hinzukommenden die eigenen Lern- und Wissensvorsprünge, was das positive Selbstwertgefühl fördert.*
  Auch die ganz schwachen Großen haben gegenüber den „Neuen" immer einen Wissensvorsprung und erfahren so im Umgang mit den „Kleinen", dass sie etwas können.

- *Kinder lernen in vielen Situationen von Kindern besser.*
  Der helfende Schüler steht altersmäßig und sprachlich dem Kind näher (Montessori).

- *Leistungsschwache Schüler erweisen sich häufig als einfühlsame, verständnisvolle Helfer.*
  Das Selbstbewusstsein dieser Kinder wird gestärkt.

- *Rollen/Positionen (sowohl soziale als auch leistungsmäßige) werden nicht dauerhaft zementiert.*
  Abgelehnte oder wenig beachtete Schüler erhalten mit dem Eintritt der neuen Schüler eine neue Chance. Sie können so in neuen sozialen Strukturen auch neue soziale Verhaltensmuster entwickeln.

- *Jahrgangshöhere kontaktschwache und zurückgezogene Schüler erwerben vor allem in der Interaktion mit den Jüngeren leichter soziale Kompetenzen.*
  Sie trauen sich eher, mit den „Kleinen" Kontakt aufzunehmen. So entsteht eine Situation, in der sie ihre Kommunikations- und Kooperationsfähigkeit entwickeln können.

- *Kooperation statt Konkurrenz*
  Die Unterrichtsorganisation ist darauf angelegt, dass Groß und Klein miteinander kooperieren müssen.
  Auch können die „Kleinen" Erklärungen von den „Großen" viel leichter annehmen als von Schülern aus der gleichen Klassenstufe, denn der

„Große" darf den Wissensvorsprung ja haben. Vor Gleichaltrigen könnte man das Gesicht verlieren!

– *Der Altersunterschied sorgt für Lernanreize und initiiert neue Lernmotivation.*
Die „Kleinen" sehen, was von den „Großen" in den einzelnen Fächern bearbeitet wird. Für manchen „Kleinen" ein Anreiz, ob er das auch schafft!

– *Ein sehr individuelles Fortschreiten ist problemlos möglich.*
In einer jü-Klasse steht den Schülern das Material von zwei Jahrgängen zur Verfügung. Somit ist es für pfiffige Schüler möglich, sehr schnell inhaltlich in die Stufe 2 zu wechseln und in einem Jahr die Eingangsstufe zu durchlaufen.
Ebenso kann ein schwächerer Schüler so lange wie nötig an einzelnen Inhalten verweilen. Eine Verweildauer von 3 Jahren in der Eingangsstufe ist nicht mit einem Gruppen- und Lehrerwechsel verbunden. Die unangenehme Situation des „Sitzenbleibens" bleibt ihm erspart!

– *Schüler können wiederholt bestimmten Inhalten begegnen bzw. jüngeren Schülern Inhalte vermitteln und so wiederholend Inhalte verstehen und vertiefen.*

– *Sprachliche Kompetenz*
Die Unterrichtsorganisation verlangt von allen Schülern in hohem Maße, miteinander in Kommunikation zu treten. Der Sprechanteil der Schüler ist wesentlich höher als der der Lehrerin.

– *Jedes Kind ist mal klein, mal groß.*
Gerade durch das Beieinandersein von jüngeren und älteren Schülern mit unterschiedlichen Fähigkeiten wird das gleichberechtigte Nebeneinander – ein wichtiges Ziel für Menschen in einer demokratischen Gesellschaft – erprobt.

(vergl. Moll-Strobel, H., Schulanfang in jahrgangsübergreifenden Klassen, in: Grundschulmagazin 5/1998; Hammer, E., Die Jahrgangsmischung als vorteilhafte Unterrichtsorganisation, in: Schulintern 7/97; Kluge, B., Altersmischung, in: Grundschule 6/1999)

• **Momentaufnahmen aus einer jahrgangsübergreifenden Klasse**

Um diese Vorteile und Möglichkeiten zu konkretisieren, hier einige Beispiele aus unserem jahrgangsübergreifenden Unterricht:

Akzeptanz des Kindes/Stärkung des Selbstwertgefühls

- Jan (G2-Kind)[6]) ist ein leistungsschwächeres Kind. Er kann und darf in unserer Klasse seinem eigenen Entwicklungstempo gemäß arbeiten. Jan kommt gerne zur Schule, denn in der jü-Klasse wird die Tendenz zum Quervergleich gemindert. Es gibt keine leistungsabhängige Rollenfestschreibung innerhalb der Lerngruppe. Es entsteht bei ihm keine Resignation, die häufig mit eine Ursache für frühes Schulversagen ist.
Jan bemerkt seinen Lernfortschritt den G1-Kindern gegenüber und ist stolz darauf.
Sollte Jan ein drittes Jahr in der jü-Klasse verweilen, ist er für die neuen Kinder ein „Großer"! Er muss nicht als Sitzenbleiber in eine ihm vollkommen unbekannte Lerngruppe.

- Sandra ist ein G1-Kind. Ich wurde als Kooperationslehrerin im Kindergarten darauf aufmerksam gemacht, dass Sandra äußerst selten mit Erwachsenen redet. Die Eltern kamen auf mich zu mit der Frage, ob Sandra überhaupt schon eingeschult werden könne. Während der Kooperation sprach Sandra kein Wort mit mir. Sie erledigte aber still die von mir geforderten Aufgaben. Zu den Kindergartenkindern hatte Sandra ein ganz normales Verhältnis. Sandra wurde gezielt in eine jü-Klasse aufgenommen. Denn dort gab es schon Sven. Sven (G2-Kind) ist Sandras Freund. Sie wohnen nebeneinander und spielen immer zusammen. In der jü-Klasse ist er Sandras „Sprachrohr" für ein halbes Jahr. Sven erklärt ihr, er fragt für sie, er hilft ihr, sich einzuleben.
Nach einem halben Jahr spricht Sandra mit mir.

Ein halbes Jahr später: Sandra wird ein G2-Kind und ihre Freundin kommt neu zu uns in die Klasse.
Nun ist Sandra groß, kontaktbereit und kommunikativ und hilft ihrer Freundin genauso, wie sie es selbst ein Jahr vorher erfahren hat.

Kinder lernen von und mit Kindern

- Alex (G1-Kind) versteht eine Aufgabenstellung nicht. Ich erkläre es ihm noch einmal. Anscheinend hat er es wieder nicht verstanden, denn ich beobachte, dass er zu Dario (G2-Kind) geht und es sich noch einmal erklären lässt. Dann bearbeitet er die Aufgabe. Zwischendurch geht er immer wieder zu Dario und lässt sich etwas erklären.

---

6) Gruppe 2 = vorwiegend Zweitklässler/G1 = vorwiegend Erstklässler (bei Verweilern, Überspringern oder individuellen Förderwegen ändert sich gemäß des Leistungsstandes des Kindes die Gruppenzugehörigkeit in Teilbereichen oder in allen Bereichen)

→ Kinder können dies untereinander manchmal besser als wir. Wir stehen den Kindern mit unseren Worten vielleicht nicht so nahe. In vielen Situationen können Kinder anderen Kindern etwas besser erklären, zeigen und lehren als Erwachsene.

→ Zweiter Effekt: Wenn man jemanden etwas erklären muss, muss man seine Gedanken gut ordnen und formulieren. Ein erklärendes Kind (hier ein G2-Kind) begegnet so dem Lerninhalt wiederholend und vertiefend.

• Antonia (G2-Kind) legt ein Hunderterfeld. Simon (G1-Kind) schaut neugierig und interessiert zu. In den nächsten Tagen versucht Simon, das Hunderterfeld zu legen. Als er nicht weiterkommt, geht er zu Antonia. Nach ein paar Tagen hat er es geschafft.

→ Der Altersunterschied sorgt für Lernanreize.
→ Lernanregende Situationen sind, u. a. durch die Bereitstellung des Materials aus Klasse 1 und 2 (teilweise auch Klasse 3), erweitert vorhanden.

• Tim (G1-Kind) muss auf die Toilette. Er sieht, dass die Großen einfach immer so gehen, ohne Bescheid zu sagen. Dabei drehen sie die „Kloampel"[7]) auf Rot und wenn sie zurückkommen, auf Grün. Er steht auf und macht es genauso.

• Benno (G1-Kind) ruft laut durch die Klasse nach einem Mitschüler. Oscar (G2-Kind) geht zu Benno und erklärt ihm, dass hier in der Klasse nur geflüstert wird.

→ Regeln, Rituale und Arbeitstechniken werden voneinander gelernt (Modelllernen).

Individuelles Fortschreiten

• Lars (G1-Kind) kann bereits bei Schuleintritt recht sicher im Zahlenraum bis 100 rechnen. Auch das Lesen erlernt er zügig.
Da im Klassenraum sämtliches Material für den Lernstoff der ersten beiden Schuljahre zur Verfügung steht, ist es Lars (natürlich mit Hilfe des Lehrers) möglich, im 1. Schuljahr so zu arbeiten, dass er im 2. Halbjahr zur Gruppe 2 stößt und dann im Sommer mit ihr in die 3. Jahrgangsstufe wechselt.

• Carmen (G2-Kind) kommt mit der Schreibschrift nicht zurecht. Sie durfte weiter Druckschrift schreiben, als ihre Gruppe im Frühjahr des ersten Schuljahres mit der Schreibschrift anfing. Nun fangen die neuen G1-Kinder mit der Schreibschrift an. Carmen möchte es jetzt auch versuchen und legt los. Sie ist

---

7) Ein Din-A4-Blatt, das auf der einen Seite einen roten, auf der anderen Seite einen grünen Kreis hat und gut sichtbar in der Klasse hängt.

entwicklungsmäßig nun so weit, hat Ehrgeiz, es zu schaffen und … es klappt! (Carmen verweilte 3 Jahre in der Eingangsstufe.)

Zu diesen an den konkreten Beispielen zu erkennenden Vorteilen eines jahrgangsübergreifenden Unterrichts kann ich aus meinen Beobachtungen und Erfahrungen noch folgende Aspekte, die allgemein dem jahrgangsübergreifenden Unterricht in der Theorie nachgesagt werden, bestätigen:

Die Sozial- und Sprachkompetenz entwickelt sich intensiver, weil im jahrgangsübergreifenden Unterricht vielfältig Gelegenheit für soziale und sprachliche Interaktionen gegeben ist.

Das Miteinander ist ein ganz wesentlicher Aspekt des jahrgangsübergreifenden Unterrichts.
Kooperation statt Konkurrenz steht bei allen Kindern im Vordergrund. Helfen können und dürfen und auch Hilfe annehmen können und dürfen sind wesentliche Erfahrungen, die jedes Kind in einer jahrgangsübergreifenden Klasse macht. Ich habe in meiner jahrgangsübergreifenden Klasse weniger Aggressionen und mehr Zufriedenheit bei den Schülern festgestellt als zuvor in meinen Jahrgangsklassen.
Dies liegt meiner Meinung nach u. a. auch daran, dass durch die Organisationsform „Werkstatt in jü-Klassen" Schüler nicht permanent über- oder unterfordert werden. Denn um die Vorteile einer altersgemischten Gruppe auch wirken lassen zu können, muss man sich von homogenen, lehrgangsmäßigen Vorgehensweisen im Unterricht lösen.

3. Vor dem Start: Wichtige Bedingungen für das Gelingen des jü-Unterrichts

• Möglichkeiten der Klassenbildung

Um es gleich vorweg zu sagen: Die Bildung einer oder mehrerer jahrgangsübergreifender Klassen will gut geplant sein.
An unserer Schule war (bei einer günstigen Anmeldezahl und mit Unterstützung durch das Schulamt) eine ideale Lösung möglich: Im „Vorlaufjahr" wurde eine erste Klasse „in Wartestellung" eingerichtet, also eine erste Klasse mit nur 18 Schülern, von denen einige noch wegzogen. Im Folgejahr wurde die Klasse mit Schulanfängern zu einer jahrgangsübergreifenden Klasse aufgefüllt. Die Lehrerin konnte in ihrer Arbeit sofort von den Vorteilen der Jahrgangsmischung profitieren, denn ihre „Großen" hatten im ersten Schuljahr alle notwendigen Arbeitstechniken und -formen und alle Regeln verinnerlicht.

Ist diese Möglichkeit nicht zu realisieren, dann bietet sich bei der Bildung zweier jahrgangsübergreifender Klassen ein für Kinder, Lehrer und Eltern ebenso akzeptabler Weg an:

Eine bestehende erste Jahrgangsstufe wird nach Schuljahresende geteilt und jede halbe Klasse wird mit Schulanfängern so weit aufgefüllt, dass zwei neue jahrgangsübergreifende Klassen entstehen. Dabei führt die Lehrerin der ehemaligen ersten Klasse eine der Klassen weiter; die zweite jü-Klasse bekommt eine neue Lehrerin. Wenn die beiden Lehrkräfte im Schuljahr zuvor Regeln, Rituale und Arbeitsformen vereinbart haben, können beide sofort auf eine Gruppe von Kindern vertrauen, die diese kennen. Die Kinder bleiben mit einem Teil ihrer Klassenkameraden zusammen und treffen sich im 3. Schuljahr möglicherweise wieder im alten Klassenverband; etwa die Hälfte der Kinder muss mit einem Lehrerwechsel zurechtkommen. Es ist also gut zu überlegen, wer über die Zugehörigkeit zu der einen oder der anderen zukünftigen jü-Klasse entscheidet. Die Lehrerin? Die Eltern? Das Kind? Oder „ganz auf dem Papier" die Schulleitung? Auf jeden Fall ist es günstig, wenn der Plan zur Jahrgangsmischung schon bei der Einschulung der künftigen Zweitklässler in der neuen 1./2. Klasse bekannt ist und wenn deren Eltern bereits ihr Interesse und ihr Einverständnis für diese Unterrichtsform bekundet haben.

Bei der jahrgangsmäßigen Zusammensetzung der Klasse wäre für den Schuljahresanfang ein Verhältnis von etwa 50 : 50 ideal. Die Einführung von einem Paten- oder „Chef"-system wird dadurch erleichtert. Nach einiger Zeit werden sich jedoch die Grenzen zwischen Erst- und Zweitklässlern bei der Einteilung in Lerngruppen G1 und G2 naturgemäß verwischen. Dabei können Kinder der 2. Klasse der Lerngruppe 1 angehören und umgekehrt.

Bei den Eltern hochbegabter Kinder besteht besonderes Interesse an einer jahrgangsübergreifenden Eingangsstufe. Sie sehen die Möglichkeit der nur einjährigen Verweildauer in der 1./2. Klasse, was quasi einem Überspringen in zwei Schritten entspricht. Der Vorteil für die Kinder ist klar: Sie gehen mit einem Teil ihrer Klassenkameraden weiter. Oft wünschen Eltern auch eine vorzeitige oder „vorvorzeitige" Einschulung für ihr hochbegabtes Kind. Die Schule sollte sich im Vorfeld darüber im Klaren sein (und auch mit der Dienststelle absprechen), wie sie mit Anmeldungen verfahren will, die nicht aus dem Schulsprengel kommen. Durch die Aufnahme einer großen Zahl hochbegabter Kinder weitet sich die Alters- und Leistungsheterogenität noch einmal beachtlich aus.

Sollen an einer Schule jü-Klassen (als alleiniges Modell oder neben Jahrgangsstufen) gebildet werden, ist es auf jeden Fall förderlich,

- wenn man einen gewissen zeitlichen Vorlauf hat,

- wenn alle Beteiligten (das ganze Kollegium einer Schule und die Eltern) informiert werden,
- wenn auf Freiwilligkeit (bei Lehrern und Eltern) zurückgegriffen werden kann,
- wenn die Jahrgangsmischung als **eine** mögliche Form der Eingangsstufe dargestellt wird (besonders dann, wenn daneben noch Jahrgangsklassen bestehen).

- **Elterninformationsabend über das jü-System/Transparenz für Eltern**

Vor der Elterninformation muss *erst einmal die Diskussion im Kollegium erfolgen.*

Viele Kollegen sind skeptisch, unsicher und ängstlich. Das geht übrigens den meisten Menschen so, wenn sie vertrautes „Terrain" verlassen sollen. Die Vorstellung, zwei Jahrgänge in einem Raum sinnvoll zu unterrichten, fällt den meisten Kollegen schwer.

Wichtig an dieser Stelle ist es auch nicht, dass **alle** an der Schule dieses System wollen und durchführen.

Wichtig ist, dass sich

a) mindestens zwei Kollegen finden, die gemeinsam an der Schule starten und

b) die anderen Kollegen diese Form der Eingangsstufe „neben" der traditionellen akzeptieren und respektieren.

Wenn dieses erste Fundament gelegt ist, *dann geht es an die Öffentlichkeit,* das heißt *an die Information der Elternschaft.*

Wenn jahrgangsübergreifende Klassen an einer Schule eingerichtet werden sollen, ist die Transparenz für die Eltern und das Einbinden der Elternschaft wesentlich für das Gelingen.

Wir haben vor der Anmeldung der neuen Erstklässler einen *Informationsabend für die gesamte Elternschaft unserer „Neuzugänge"* durchgeführt.

Den Eltern geht es zunächst einmal ebenso wie den oben beschriebenen Kollegen. Deshalb ist das Ziel des Abends, die Eltern von den besonderen Möglichkeiten dieses Unterrichts zu überzeugen und ihnen eine Vorstellung zu vermitteln, wie er organisatorisch funktioniert.

Hilfreich für diesen Abend ist es, wenn

- die Schulleitung überzeugt von diesem System ist und dies deutlich formuliert.
- die Lehrkräfte für die jü-Klassen schon feststehen und sich kurz vorstellen.

Eine Auflistung der *wichtigsten Argumente für jahrgangsübergreifendes Lernen kann zu Beginn des Abends* als Folie aufgelegt und von der Schulleitung erläutert werden.

Vorteile des jahrgangsübergreifenden Unterrichts

Das Altersgefälle bzw. die Altersheterogenität innerhalb einer jahrgangsübergreifenden Klasse bietet folgende Möglichkeiten:

Regeln und Rituale sowie Arbeits- und Lerntechniken werden durch Modelllernen weitergegeben.

Die jahrgangsklassenhöheren Schüler erkennen an den neu Hinzukommenden die eigenen Lern- und Wissensvorsprünge, was zur Entstehung eines positiven Selbstwertgefühls beiträgt.

Kinder lernen in vielen Situationen von Kindern besser.

Leistungsschwache Schüler erweisen sich häufig als einfühlsame, verständnisvolle Helfer.

Rollen/Positionen (sowohl soziale als auch leistungsmäßige) werden nicht dauerhaft zementiert.

Jahrgangshöhere kontaktschwache und zurückgezogene Schüler erwerben vor allem in der Interaktion mit den jüngeren leichter soziale Kompetenzen.

Der Altersunterschied sorgt für Lernanreize und initiiert neue Lernmotivation.

Ein sehr individuelles Fortschreiten ist problemlos möglich.

Schüler können wiederholt bestimmten Inhalten begegnen bzw. jüngeren Schülern Inhalte vermitteln und so wiederholend Inhalte verstehen und vertiefen.

Die sprachliche Kompetenz wird gefördert.

Jedes Kind ist in seiner Klassengemeinschaft
mal klein, mal groß.

Bei der *Vorstellung der Lehrkräfte* ist es für die Eltern interessant zu erfahren, was die Lehrkraft motiviert, die Leitung einer jü-Klasse zu übernehmen.

Neben den vorher aufgeführten Argumenten schilderte ich an unserem ersten Infoabend, dass in meinem letzten „Durchgang" Klasse 1 und 2 mein Unbehagen über die relativ gleichschrittige Vorgehensweise (trotz Wochenplan und Freiarbeitsstunden!) immer größer wurde.

Es gab Kinder in der ersten Klasse, die schon lesen konnten, als sie zu mir kamen. Andere brauchten mindestens eine Woche, bis sie einen neuen Buchstaben sicher identifizieren konnten.

Es gab Kinder, die schon zu Beginn des ersten Schuljahres sicher im 100er-Raum rechnen konnten, andere hatten auch nach 5 Wochen noch keinen Mengenbegriff entwickelt.

Die Vorstellung, inhaltlich und bezüglich des Materials eine Bandbreite von mindestens zwei bis drei Schuljahren anbieten zu können, um dem Leistungsstand des einzelnen Kindes gerecht zu werden, beeindruckte mich.

Auch von den anderen positiven Effekten, die sich aus der Jahrgangsmischung ergeben, war ich überzeugt.

Die Eltern wurden an diesem frühzeitigen Elternabend auch darüber informiert, *für welche Kinder sich eine jahrgangsübergreifende Klasse in ganz besonderer Weise eignet.*

Das sind Kinder,
- die wahrscheinlich einen besonderen Förderbedarf haben
- die bereits im Kindergartenalter lesen und/oder rechnen können
- die besonders früh eingeschult werden.

Durch die Jahrgangsmischung ist die Möglichkeit des Überspringens oder des Verweilens eher und unproblematischer für das Kind möglich als in einer Jahrgangsklasse. Es kann in der jü-Klasse seinem Entwicklungsstand entsprechend im Stoff vorangehen.

Alte Bahnen zu verlassen bedeutet Unsicherheit und verlangt Mut, auch von den Eltern.

Alle anwesenden Eltern sind voraussichtlich im traditionellen System der Jahrgangsklasse „groß" geworden. Es fehlt die Vorstellung, wie jahrgangsübergreifender Unterricht tatsächlich „funktioniert".

Das Angebot, für einen Tag zu hospitieren (nach den Herbstferien), sollte deshalb schon an diesem Abend erfolgen.

Es begünstigt das Vertrauen in das „neue" System.

Je konkreter und fassbarer für die Eltern der jü-Unterricht an diesem Abend gemacht wird, um so eher sind sie bereit, den vertrauten Weg zu verlassen und sich auf etwas Neues einzulassen.

Haben Sie schon konkrete Vorstellungen vom jahrgangsübergreifenden Unterricht, dann machen Sie diese den Eltern transparent!

Zeigen Sie, dass Sie sich zur *Unterrichtsorganisation* und zur *Klassenzimmergestaltung* bereits Gedanken gemacht haben:

Zeigen Sie Skizzen oder Fotos bestehender jü-Klassen.

Zeigen Sie eine Folie, wie *ein Stundenplan in einer jü-Klasse* aussehen kann (siehe S. 30)

Signalisieren Sie den Eltern: *Wir stehen im ständigen Austausch mit Ihnen* über die Entwicklung Ihres Kindes und beraten den für Ihr Kind passenden Weg gemeinsam. Es findet eine enge Kooperation mit Ihnen statt.

Während dieses Elternabends sollten Sie unbedingt eine *Pause* zum Austausch untereinander einplanen.

Sind schon Klassen für jü-Unterricht eingerichtet, öffnen Sie die Türen. Falls nicht:

Bauen Sie eine *Werkstatt* und Materialien auf, die die Eltern in der Pause anschauen können.

Zu guter Letzt sollten Sie an diesem Abend über die *Anmeldemöglichkeiten* aufklären.

Wenn Sie die Möglichkeit an Ihrer Schule haben, dann bleiben Sie auf der Ebene der Freiwilligkeit. Wir haben die Erfahrung gemacht, dass sich genug Eltern für die Einrichtung einer jü-Klasse entscheiden ... und:

Die, die sich freiwillig entscheiden, stehen dem jahrgangsgemischten Unterricht positiv gegenüber! Diese Kräfte brauchen Sie, um diese Neuerung an einer Schule gut zu installieren. Nichts ist tödlicher als Skeptiker am Anfang.

Am Tag der Anmeldung tragen die Eltern dann auf der Anmeldekarte ein, ob sie die Einschulung in eine Jahrgangsklasse oder in eine jahrgangsübergreifende Klasse wünschen.

Es ist natürlich nach diesem Abend und vor dem offiziellen Anmeldetermin ebenso möglich, die Wünsche diesbezüglich vorher an der Schule schriftlich einzureichen.

Schließen Sie diesen Abend mit einer netten Zeichnung oder einem treffenden Text ab, die/der auf die Unterschiedlichkeit unserer Kinder Bezug nimmt und die gleichschrittige Vorgehensweise in Frage stellt.

> Gleichen Schritt und Tritt zu verlangen,
> beachtet nicht die unterschiedliche Anstrengung
> für kleine und große Beine.
> Auch im Intellektuellen und Geistigen bedeuten
> Gleichschritt und Gleichtakt
> die Schwächung der Schwächeren
> und die Behinderung der Stärkeren.
>
> Ruth C. Cohn

• Rolle der Lehrerin

Erinnern Sie sich auch noch an die Stundenentwürfe während Ihrer Ausbildung? Neben der Zeitleiste waren die Feinziele aufzuführen, die jeweils nach 3, 7 oder 9 Minuten erreicht werden sollten. In dieser Sichtweise ist Unterricht ein „kleinschrittiges Vorgehen, das vorab exakt geplant werden kann und wird."[8]

Die Erfahrung im Schulalltag zeigt uns immer wieder, dass wir bei den heutigen Kindern und ihrem Anderssein mit unseren „eigenen unangemessenen Idealvorstellungen"[9] scheitern müssen. *Die Aufgaben der Lehrerin* haben sich geändert und erweitert. Über die grundlegende Vermittlung von Lerninhalten hinaus geht es uns darum, selbstständige, selbst gesteuerte und selbst verantwortete Formen des Lernens einzuüben,

die „Methodenkompetenz" zu verbessern,

die „Sozialkompetenz" zu erhöhen,

ein Arbeitsklima zu schaffen, in dem der Lehrer nicht mehr ständig „alles unter Kontrolle" haben muss,

die Beiträge einzelner Schüler oder von Gruppen nicht nur als individuellen Nachweis für den Lernerfolg zu werten, sondern der gesamten Lerngruppe zugute kommen und auch von ihr würdigen zu lassen.

Entsprechend verschiebt sich *die Arbeit der Lehrerin:* „ Es geht nicht um weniger gründliche Vorbereitung, sondern darum, sie an anderen Zielen auszurichten und an anderen Maßstäben zu messen."[10] Die Lehrerin muss ihre Rolle wechseln. Aus der „Belehrenden", die etwas „beibringen" muss, wird eine Begleiterin, eine Helferin im Entwicklungsprozess der vielen unterschiedlichen Kinder. Sie sieht ihre Aufgabe darin, die Entfaltung der Bega-

---

8) Becker, Gerold, Regisseur, Meisterdirigent, Dompteur? Friedrich Jahresheft 2004, Verlag Seelze 2004, S. 12
9) s. o.
10) s. o.

bungen und Stärken zu ermöglichen und bei der Überwindung von Schwächen behilflich zu sein. "[11])

Liegt im lehrerzentrierten Unterricht die Hauptlast der Aktivitäten bei der Lehrerin (Erklären, Impulse geben, Präzisieren, Motivieren, Nachfragen, Beurteilen, Korrigieren, Zusammenfassen, Formulieren), so werden in der jahrgangsübergreifenden Klasse die Aktivitäten zwangsläufig mehr auf der Seite der Schüler liegen müssen. Über lange Strecken kann die Lehrerin sich von der Rolle der immer Agierenden zurückziehen und gewinnt Zeit für das Beobachten, Anregen und für das individuelle Betreuen. Das macht den Unterricht für die „Lernbegleiterin" über lange Strecken weniger anstrengend.

Zu Beginn einer Werkstatt weiß der Großteil der selbstständigen und sich selbst organisierenden Kinder, welche Aufgaben in der nächsten Zeit zu bearbeiten sind. Bei Fragen und Schwierigkeiten stehen nicht nur die Lehrerin, sondern auch Mitschüler oder „Chefs" bereit. „Die Lern- und Klassenatmosphäre ist entlastet und von hoher Selbstständigkeit und gegenseitigem Helfen geprägt. "[12])

Die Heterogenität in der jahrgangsübergreifenden Klasse „entlohnt" die Lehrerin in Erarbeitungsphasen, bei der Gruppenarbeit und beim Vorstellen der Ergebnisse: Das Gespräch wird bereichert durch das Wissen und die Erfahrungen verschiedener Altersgruppen. Zahlreichere Beiträge auf unterschiedlichem Niveau geben Anregungen und Gesprächsstoff.

Die Lehrerin, die Vertrauen in die Lernbereitschaft der Kinder gewinnt und die die Kontrolle über das Geschehen in den Köpfen aufgeben kann, wird ihren Weg für diese neue Herausforderung finden.

• Teambildung

Für die umfangreiche Arbeit beim Einstieg in die Jahrgangsmischung empfehlen wir Ihnen dringend den Aufbau eines Teams. Sie wissen um die Vorteile:
Ins Team bringt jeder seine persönlichen Neigungen und seine besonderen Kenntnisse ein, Einseitigkeit wird so vermieden.
Die Arbeit wird aufgeteilt, also überschaubarer.
Entscheidungen werden von mehreren getroffen, sie fallen deshalb leichter.
Ein gewisser heilsamer Druck durch Teamabsprachen hilft einem, die Zeitplanung – auch zur eigenen Zufriedenheit – einzuhalten.

---

11) Autorenteam Laborschule, So funktioniert die offene Schuleingangsstufe, Verlag an der Ruhr, Mülheim 2005, S. 41
12) Christiani, Reinhold (Hrsg.), Jahrgangsübergreifend unterrichten, Cornelsen Verlag Scriptor, Berlin 2005, S. 28

Alle beteiligten Kollegen sichten ihre Unterlagen, tragen ihre vorhandenen Materialien und ihre Ideen zusammen, – deshalb werden die Aufgaben für die Werkstatt variantenreicher und motivierender.

Die Zeit, die Sie für die Teamsitzung einplanen müssen – und die möglicherweise auf Grund Ihrer persönlichen Umstände schwierig freizuhalten ist –, sparen Sie an Ihren eigenen Vorbereitungen zu Hause mehrfach wieder ein. Die gemeinsame Planung und vergleichbare Arbeitsweise in den verschiedenen Klassen lässt Sie unangreifbarer werden von der Seite der Eltern.

Der erste Gedanke wird sein, in ein Team nur diejenigen Kollegen einzubinden, die in der Jahrgangsmischung arbeiten. Sicher haben diese das größte, fast existenzielle Interesse an Zusammenarbeit. An unserer Schule hat es sich jedoch gut bewährt, dass alle Kollegen der 1. und 2. Jahrgangsstufe, also auch die der Jahrgangsklassen, sich in das Team eingegliedert haben. Wenn die Lehrerinnen der Regelklassen im laufenden Schuljahr auch noch nicht alle Arbeitsergebnisse unmittelbar einsetzen konnten, so war es für sie doch ein beruhigendes Gefühl, bereits einen „Schatz" für die Zukunft zu haben.

Wir haben anfangs unsere Teamsitzungen spontan und terminlich relativ unvorhersehbar angesetzt. An vielen Terminen war unsere Gruppe dann natürlich nicht vollständig; viel Zeit verging bei unterhaltsamen, aber wenig effektiven Gesprächen. Nach diesen Erfahrungen und nach dem Besuch einiger Seminare wussten wir, dass Teams eine Struktur brauchen.

Die erste Teamsitzung dient der Zielfestlegung:
Was erwarte ich von der Arbeit im Team? (Arbeitserleichterung, Zeitersparnis, Ideenbörse, Austausch über Gelungenes und Nichtgelungenes, komplette Unterrichtsvorbereitung, sofort einsetzbare Unterrichtsmaterialien, Trost und Unterstützung)
Was kann ich leisten? (Eigenes Material sichten, Arbeitsblätter entwerfen, Ideen der Anderen am Computer umsetzen, Bildmaterial heraussuchen oder selbst gestalten, Ideen für musische Umsetzung liefern)
Welchen Vorlauf brauchen wir jeweils für eine neue Werkstatt? (Es müssen ja nicht alle Werkstätten zum Schuljahresanfang schon in ihrer endgültigen Form vorliegen. Gerade am Anfang ist es vielmehr sinnvoll, immer „um eine Werkstatt den Kindern voraus" zu sein. So können die ersten Erfahrungen schon wieder in die Arbeit einfließen.)

Nach dieser Besprechung legten wir folgende **Voraussetzungen für die Teamarbeit** fest, die uns förderlich erschienen:
Die Teamsitzungen finden in regelmäßigen Abständen bzw. an lange vorher

bekannten Terminen statt. So sind sie auch für Kolleginnen mit unterschiedlichen familiären Bedingungen einzuplanen.

Sie haben einen festgelegten Ablauf, Struktur kann Leerlauf verhindern:
- etwa 10 Minuten Austausch über die Erfahrungen der letzten Werkstatt,
- Festlegen des neuen Themas, Sammeln von Anregungen und Ideen,
- Aufteilen der Arbeit mit Terminvorgabe,
- sich gegenseitig Mut machen, bewusst Beobachtungen mitteilen, die nur in der jü-Klasse möglich sind.

Am Ende der Teamsitzung wird genau festgelegt: WER macht WANN WAS? (Ein kurzes Protokoll, das diese Punkte enthält und den Kolleginnen am nächsten Tag übergeben wird, ist Stütze und Motivationsschub.)

Bei der nächsten, kurz danach anzusetzenden Teamsitzung stellen alle Kolleginnen ihre „Fundstücke" vor. Gemeinsam wird entschieden, was in die Werkstatt aufgenommen werden soll. Und wieder werden Aufgaben verteilt:

- Wer arbeitet welche Lernangebote genauer aus und schreibt die Auftragskarten?
- Wer gestaltet die Arbeitskarte für die Kinder?
- Wer besorgt die nötigen Materialien?

Alle Arbeitsergebnisse werden gesammelt und in einer „Werkstattliste" erfasst. Wir empfehlen, alle Originalvorlagen zu laminieren. Sie sind dann kopierfähig, werden aber nicht versehentlich an die Schüler ausgegeben.

Nach einem Schuljahr sind viele Teams durch diese strukturierte Arbeitsweise eingespielt und kompetent im Erstellen einer Werkstatt. So besteht nach diesem Zeitraum die Möglichkeit, dass eine Person aus dem Team eine Werkstatt für alle zusammenstellt. Arbeitet man z. B. als Zweierteam, dann ergibt sich daraus lediglich etwa alle 8 Wochen ein intensives Arbeitswochenende.

Die fertige „Werkstatt" kommt in eine Kunststoffbox, das Inhaltsverzeichnis wird außen aufgeklebt und dann wird die Kiste (oder mehrere bei parallelen Klassen) in die Klassen ausgeliehen.

Praktisch wäre sicher noch ein beiliegendes Heft, in dem jede Lehrerin kurz notiert,
- was besonders gut bei den Kindern ankam
- was wenig gefragt war
- was zu schwierig/zu leicht schien
- was verbraucht oder beschädigt wurde
- was zu ergänzen ist.

Aber da gibt es möglicherweise doch noch einen oder mehrere Kollegen oder Kolleginnen, die nicht im Team mitarbeiten wollen oder können? Wir haben schon viele vom Wert eines Teams überzeugt, indem wir die Ergebnisse der Teamarbeit auch ihnen zugänglich gemacht haben.

- **Klassenzimmergestaltung**

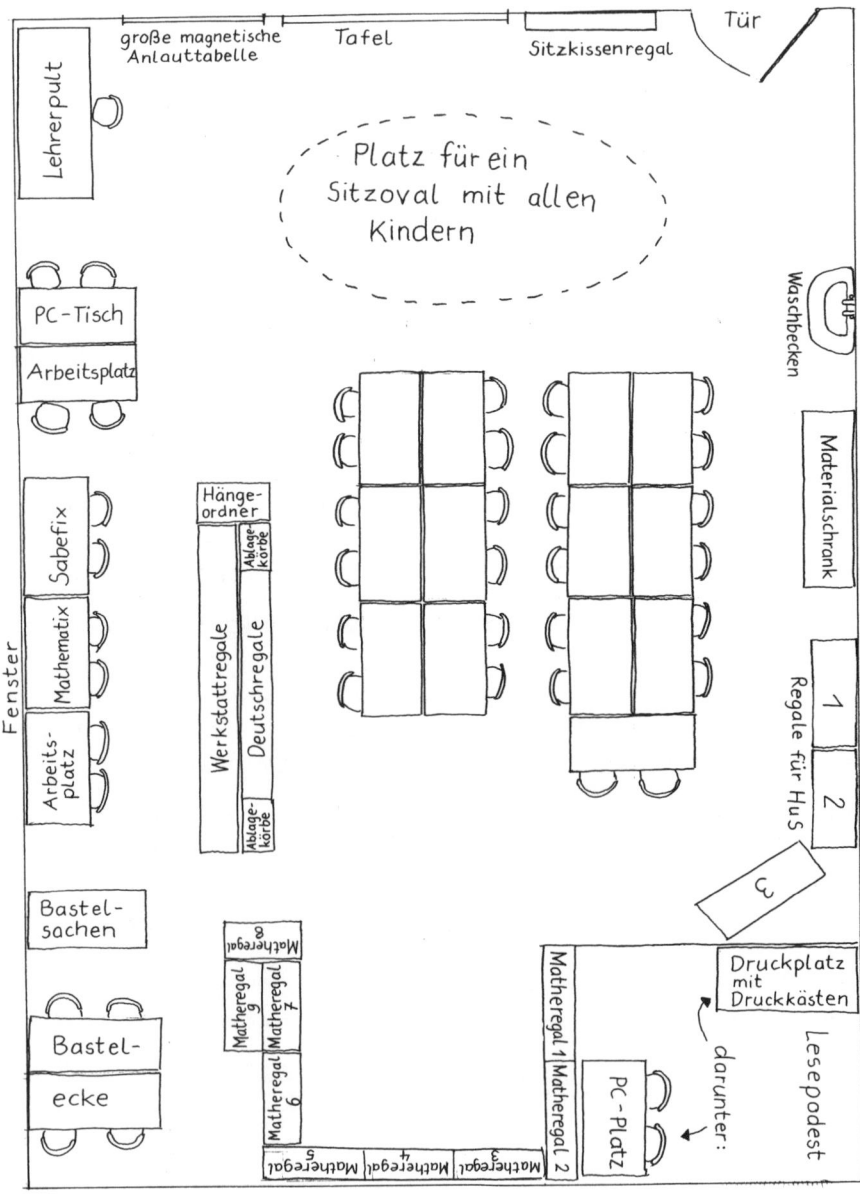

Die Gestaltung des Klassenzimmers trägt wesentlich zum Gelingen eines effektiven jahrgangsübergreifenden Unterrichts bei.

Selbstverständlich muss der Raum erst einmal – wie jeder andere Klassenraum auch – eine *Atmosphäre* bieten, die Gemütlichkeit und Wärme ausstrahlt. In einem solchen Raum fühlen Kinder sich wohl. Menschen lernen und arbeiten (uns Erwachsenen geht es da ebenso!) besser in einem Raum, mit dem sie „emotional verhaftet" sind.

Es gibt im Klassenraum eine Ecke mit eigenen Trinkbechern der Kinder und Mineralwasser. Jedes Kind bringt sein eigenes Kissen mit (für unser Sitzoval). Die Kissen sind in einem Regal untergebracht; darauf ruht das Klassentier, bei uns ein großer Tausendfüßler.

Die Schüler statten das Zimmer weiter mit ihren Pflanzen, Büchern, Bildern etc. aus. Eine emotionale Verbundenheit entsteht.

In einer jü-Klasse, in der das Mit- und Voneinanderlernen einen großen Raum einnimmt, kommen bestimmten Gestaltungsmerkmalen besondere Bedeutung zu.

Da in diesen Klassen den Schülern sehr viel Arbeitsmaterial zur Verfügung stehen muss, ist es äußerst wichtig, dass die Kinder den Überblick behalten und sich gut orientieren können.

Deshalb müssen die Regale übersichtlich strukturiert und dürfen nicht überfüllt sein. Sie sind in der Klasse – je nach Thematik – räumlich getrennt angeordnet.

So gibt es neun *Mathematikregale,* die den arithmetischen Teil der Mathematik (Klasse 1 und 2, teilweise 3) strukturiert abbilden. Diese Regale sind in einer U-Form aufgebaut, sodass durch die Anordnung ein mathematischer Kommunikationsraum entsteht.

Für die Werkstätten empfiehlt sich ein *Werkstattband/bzw. -buffet,* auf dem für beide Lerngruppen alle Aufträge für einen bestimmten Zeitraum zu einem bestimmten Thema angeboten werden.

Nach jeder Einheit (ca. alle vier Wochen) wird hier das nächste Thema präsentiert.

Dieses Regalband sollte eine ungefähre Höhe von 1 Meter haben und 3 Regalböden bieten. So können bis zu 30 Aufträge übersichtlich aufgebaut werden. Vor der Werkstatt stehen meistens Schülerpaare und -gruppen, die sich eine neue Arbeit suchen oder mit anderen über die Aufträge diskutieren. Deshalb ist es geschickt, wenn dieser Kommunikationsraum nicht von der Schülertischseite zugänglich ist, da das die dort arbeitenden Kinder ablenkt.

Neben diesen Kommunikationsräumen Mathematik und Werkstatt gibt es noch ein *kleines Band mit Sachunterrichtsregalen* und *Deutschregalen.*

Hier sind Zusatzmaterialien zu finden, die
- je nach Bedarf vom Lehrer schnell mit eingesetzt werden können (in Kleingruppenarbeit; für besonders pfiffige oder unterstützungsbedürftige Kinder)
- zu einer aktuellen Werkstatt zusätzliches Material liefern
- von Schülern zusätzlich gewählt werden können.

Diese Regale können mit der Öffnung zur Klasse gestellt werden, weil sie weniger von Schülern frequentiert werden als die Werkstatt- und Mathematikregale.

Die *Bastelecke* wird durch die Mathematikregale und ein Regal mit Bastelmaterial abgetrennt.

Durch diese verschiedenen Regalsysteme ist der Klassenraum gegliedert, besondere Arbeitsbereiche sind räumlich „abgetrennt".

Der Werkstattband trennt klar *den großen Tischgruppenteil* von kleineren Arbeitsplätzen für Einzelarbeit oder Gruppenarbeit.

Die Tischordnung, zwei große Rechtecke mit jeweils 12 Sitzplätzen, haben die Schüler und wir aus folgenden Gründen ideal gefunden:

- Es ist eine platzsparende Anordnung.
- Ohne großes Hin- und Herrücken ist direkt Einzel-, Partner- und Gruppenarbeit möglich.
- Natürlich sitzen Kinder der Gruppe 1 und 2 hier gemischt; ich kann aber auch, falls einmal erforderlich, sehr schnell ein Rechteck für die Gruppe 1 und das andere für die Gruppe 2 benutzen.

Manche Eltern waren anfangs wegen der fehlenden Ausrichtung der Kinder zur Tafel skeptisch gegenüber der Anordnung.

Nach dem ersten Klassenelternabend waren die Bedenken jedoch aus dem Weg geräumt. Es wurde transparent, dass nur noch selten frontal mit allen Schülern gleichzeitig an der Tafel gearbeitet wird.

Während der Werkstatt- und Mathearbeitszeit können die Kinder die Sitzplätze an diesen Rechtecken frei wählen. Besteht also in diesen Phasen ein gemeinsames Arbeitsinteresse von zwei, drei oder vier Kindern, suchen sich diese hier eine freie Tischgruppe.

Natürlich gibt es in anderen Unterrichtszeiten wie zur Begrüßung, Zusammenfassung, zur Besprechung, bei evtl. Fachunterricht etc. eine feste Sitzordnung für diese beiden Tischgruppen.

Zu Beginn des Schuljahres haben die Eltern und ich *ein Lesepodest* gebaut. Das Lesepodest ist natürlich etwas Besonderes. Aber das investierte Wochenende habe ich 1000mal von den Schülern zurückbekommen. Auf so einem Podest sind die Schüler einfach weit weg von allen anderen Dingen und Ablenkungen durch ihre Mitschüler. Sie sinken wirklich in die Lesewelt ein. Selbstverständlich gibt es hier ein strenges Reglement (wie eigentlich für alle Arbeitsbereiche in der jü-Klasse):

- Es wird in Ruhe dort gearbeitet, der Flüsterton ist erlaubt.
- Es dürfen höchstens 6 Kinder oben sein.
- Die Schuhe werden ausgezogen und ordentlich unten neben der Leiter aufgestellt (so können die anderen Schüler zählend erschließen, ob oben noch ein Platz frei ist).
- Die Bücher werden an den richtigen Platz zurückgestellt.

– Wer sich nach einer Ermahnung dort immer noch nicht an die abgespro-
chenen Regeln halten kann, muss runter!

In der Klasse stehen den Kindern weitere *Einzel- und Partnerarbeitsplätze* zur
Verfügung.
Unter dem Lesepodest gibt es zwei PC-Arbeitsplätze und zwei weitere feste
Druckarbeitsplätze. Weitere PC-Plätze befinden sich an der Fensterseite am
Lehrerpult.

Die Erfahrung hat uns gelehrt, die PC-Plätze so einzurichten, dass die Bildschirme nicht vom Klassenraum aus einsehbar sind. Wie wir alle von unserem
Fernsehen daheim wissen, ziehen Bildschirme unsere Blicke und Aufmerk-
samkeit magisch an. Hier wurde das Problem damit gelöst, dass der eine Bild-
schirm zur Wand, der andere zum Lehrerpult hin ausgerichtet war. In unserem Nebenraum konnten wir einen dritten PC-Arbeitsplatz installieren.

An der Fensterseite gibt es zwei *feste Arbeitstische* für je zwei Kinder mit dem
Material Sabefix und mit dem Material Mathematix. Hier wird ausschließlich
mit diesem Material gearbeitet.
Das Material wird nicht herumgetragen – sicher ein Grund, warum ich in
sechs Jahren jü-Unterricht nicht ein einziges Plättchen nachbestellen musste.

Wo irgend möglich, sollten den Schülern *weitere Tischgruppen zum Arbeiten*
im Nebenraum, im Flur, in der Pausenhalle oder draußen zur Verfügung
gestellt werden.

Natürlich gibt es Arbeitsregeln für alle Bereiche, deren Einhaltung auch konsequent eingefordert werden muss!

Vor der Tafel ist Platz für ein **Sitzoval,** das für gemeinsame Erarbeitungen, den Morgenkreis, die Geburtstagsfeier etc. benutzt wird. Die Kissen werden dafür direkt vorne in einem Regal gelagert.

Den Platz für das Sitzoval benutzen die Schüler in den Werkstatt- und Mathestunden ebenso zum Arbeiten. Hierfür stehen den Kindern **Teppiche** (1,20 m x 0,70 m) zur Verfügung, auf denen die angefangene Arbeit mit dem Material auch bis zur Fertigstellung (nächster oder übernächster Tag) liegen bleiben darf.

Das **Lehrerpult** nimmt keinen zentralen Platz mehr im Raum ein, es steht vorne an der Seite. Ich benutze es als Ablage- und Korrekturplatz.

Hier bin ich „Anlaufstelle" für Schüler, wenn ich nicht gerade mit einer Gruppe an einem anderen Platz arbeite.

Vorne neben der Tafel befindet sich eine **große, magnetische Anlauttabelle,** mit der Schüler alleine oder mit mir an den Buchstaben arbeiten können.

- ● Stundenplangestaltung

Durch unterschiedliche Stundenzahl und Fächer der Lehrer, unterschiedliche Raum- und Hallenbenutzungsmöglichkeiten, Zuweisung von Religionslehrern etc. wird der Stundenplan einer jü-Klasse natürlich an jeder Schule anders aussehen, denn die Schulleitung muss bei der Stundenplangestaltung ihre spezifischen räumlichen und personellen „Gegebenheiten" berücksichtigen.

Es gibt aber einige Eckpunkte, die, wenn die Schulleitung diese beim Stundenplanstecken direkt beachtet, jü-Unterricht erleichtern und effektiver werden lassen.

In der Skizze sehen Sie einen Stundenplan, an dem wir diese Eckpunkte aufzeigen möchten.

Zeit	Montag	Dienstag	Mittwoch	Donnerstag	Freitag
7.45		G1: Religion G2: Deutsch	G1: Religion G2: frei	Sport	G1: Deutsch G2: frei
8.35	Werkstatt	Werkstatt	Werkstatt	Musik	Werkstatt
9.25	Werkstatt	Werkstatt	Werkstatt	Mathematik	Werkstatt
10.10	Pause	Pause	Pause	Pause	Pause
10.30	Mathematik	Mathematik	G1: Mathe G2: Religion	Kunst	Mathematik
11.20	Sport	G1: frei G2: Religion	G1: frei G2: Mathe	Kunst	Sport

- ● Die Schülergruppen G 1 und G 2 sollten so wenig wie möglich getrennt werden. An Schulen, wo diese beiden Gruppen doch wieder nach Jahrgängen in einzelnen Fächern getrennt werden, berichten Klassenlehrer von Problemen im gegenseitigen Helfersystem und von Zeitnot in der Werkstattarbeit. An unserer Schule durfte Religion nicht jahrgangsübergreifend unterrichtet werden. In allen anderen Fächern blieben die Gruppen 1 und 2 in ihrem Klassenverband und konnten so zu einer Gemeinschaft zusammenwachsen.

- Hilfreich sind in jedem Fall zusätzliche Lehrerstunden, die eine stundenweise Doppelbesetzung im Unterricht ermöglichen.
- Zwei Teilerstunden sollten der Lehrerin in einer jahrgangsübergreifenden Klasse mindestens zur Verfügung stehen. Das heißt, eine Stunde in der Woche hat sie nur ihre 12 Erstklässler und eine Stunde in der Woche nur ihre 12 Zweitklässler. Diese Teilerstunde pro Gruppe ist unbedingt erforderlich, um eine wirklich gute Kenntnis über den individuellen Leistungsstand zu erhalten. Im abgedruckten Stundenplan stehen der Lehrerin vier Teilerstunden zur Verfügung, so dass sie jede Gruppe pro Woche zwei Stunden „alleine" hat (eine Mathematikstunde und eine Deutschstunde).
- Wichtig ist das Werkstattband, das sich prägend durch den Stundenplan zieht. Der Werkstattunterricht umfasst auf jeden Fall die Fächer Deutsch und Sachunterricht. So ist es im oben abgebildeten Plan. Mindestens an vier Tagen sollte eine Doppelstunde angeboten werden. Je nach Bundesland (in dem z. B. Fächer wie Musik und Kunst mit Sachunterricht zu einem Fächerverbund zusammengefasst sind) oder je nach Umfang des Unterrichtsauftrages der Klassenlehrerin kann das Werkstattband natürlich auf 5 mal 2 Stunden ausgeweitet werden und ebenso Musik und Kunst beinhalten. Idealerweise liegt der Werkstattblock jeden Tag im gleichen Zeitraum. (Im Beispielplan liegen Musik und Kunst nicht in der Klassenlehrerhand, sondern werden vom Fachlehrer – selbstverständlich jahrgangsübergreifend! – unterrichtet). Den Kindern tut dieser äußere Rhythmus gut. In einem meiner jü-Durchgänge war dieses Werkstattband durch unsere große Pause unterbrochen. Die Form hat sich als gut erwiesen. Die Kinder genossen in dieser intensiven Arbeitszeit eine Bewegungspause und sie lernten, nach der großen Pause direkt an ihrer Sache weiterzuarbeiten, auch wenn ich noch nicht da war.
- Die Mathematik ist vom Werkstattunterricht getrennt, da sonst nicht mehr der Überblick über den Leistungsstand des einzelnen Kindes gegeben ist. Im besten Fall zieht sich die Mathestunde ebenso in einem Band durch die Woche. Damit wäre der Tagesrhythmus der Kernfächer für die Kinder immer gleich.
- Wünschenswert wäre es, wenn der Stundenplangestalter es schafft, den Stundenplan des Teampartners bzgl. des Werkstattbandes und des Matheunterrichts ähnlich zu stecken. Da diese Systeme ja gleich strukturiert sind und die Werkstätten parallel laufen, wäre so in dieser Zeit ein Austausch der Lehrkräfte und Schüler untereinander gut möglich. Ich gehe davon aus, dass die Klassenräume nebeneinander liegen.

• Vorbereitung der Gruppe 2-Kinder

Nur kurz möchte ich mit diesem Abschnitt allen Lehrern, die jahrgangsübergreifend unterrichten wollen, ins Bewusstsein rufen, dass eine gute Vorberei-
tungs- und Planungszeit für die G2-Kinder (und natürlich auch für die Lehrkraft!) sehr zum Gelingen des jü-Unterrichts beiträgt, getreu dem Ausspruch:
„Wenn du (für ein Projekt) wenig Zeit zur Verfügung hast, dann nimm dir am
Anfang viel davon" (Unbekannter Projektmanager).

Idealerweise wissen die Eltern, die Kinder und Sie zu Beginn der ersten
Klasse, dass diese Klasse am Ende des Jahres geteilt wird, und so diese Schüler für zwei jü-Klassen die jeweilige Gruppe 2 bilden.

Sie und auch die Eltern werden mit den Änderungen gegenüber einem Jahrgangsunterricht schon in dieser Vorbereitungszeit vertraut. Die Schüler haben
Zeit, die Regeln, Arbeitsweisen und Methoden, die im jü-Unterricht einen
zentralen Platz einnehmen, zu lernen, um sie an die Kleinen weiterzugeben:

- Arbeiten mit einer Anlauttabelle und so
- nachvollziehen können, wie die Erstklässler damit arbeiten müssen, um
  schreiben und lesen zu lernen
- Kennen von wichtigen Verhaltens- und Arbeitsregeln
- Beherrschen der Ordnungssysteme
- Handhabung von Arbeitsmaterialien, die immer wieder auftauchen wie
  z. B. Sabefix, Mathematix, Logico, Steckkarten, Montessorimaterial, PC-
  Programme etc.
- Die eigenständige Arbeitsweise in einer Werkstatt mit Auftragskarten,
  Arbeitskarten, Chefsystem etc.
- Die selbstständige Vorgehensweise in der Mathematik
- Arbeiten mit Arbeitsheften in der jü-Klasse
- Verantwortung für das eigene Arbeiten übernehmen
- Wissen: Der Lehrer ist für mich da, wenn ich alleine wirklich nicht weiter-
  komme.
- Wissen: Ich bin Vorbild für die Kleinen. Vieles lernen sie durch mich.

Bis auf die Arbeit mit der Anlauttabelle können alle anderen Voraussetzungen
bei den Großen auch erst im zweiten Halbjahr der ersten Klasse erarbeitet
werden (falls Sie sich erst im Laufe des ersten Schuljahres als Schule entscheiden, zum nächsten Schuljahr auf die Jahrgangsmischung umzustellen).

Wenn Sie den Großen diese aufgelisteten Dinge vermittelt haben, bevor die Kleinen da sind, dann können Sie entspannt Ihren jahrgangsübergreifenden Unterricht beginnen!

- **Der Einschulungstag**

Nun ist es soweit!
Die „andere Hälfte" der jü-Klasse wird eingeschult. Schon vor den Sommerferien haben die nun bald großen Gruppe 2-Kinder der jü-Klasse und ich den Gruppe 1-Kindern einen Brief geschrieben (siehe nächste Seite).

So wissen die Schulanfänger, von wem sie in Empfang genommen werden. Einige Schulkinder wissen genau, für welchen Schulanfänger sie gerne Pate sein wollen im neuen Schuljahr. Sie wohnen vielleicht in der gleichen Straße, sind befreundet oder kennen sich gut aus dem Kindergarten. Diese Patenschaften haben die Kinder dann bereits vor der Einschulung miteinander besprochen. Wo dies nicht der Fall ist, lege ich mit den Kindern die Patenschaften vor dem Einschulungstag fest. Sollte sich herausstellen, dass die „Chemie" so gar nicht stimmt, kann dies auch in Absprache mit allen Beteiligten im Laufe der ersten Zeit geändert werden.
Meine Gruppe 2-Kinder stehen am Einschulungstag vor der Tafel, alle mit einer winzigkleinen selbstgebastelten Schultüte (gefüllt mit Gummibärchen) und singen das Lied „Herzlich willkommen, ihr lieben Leute, in unserer Schule begrüßen wir euch heute".
Die Neuen haben sich vorher einfach irgendwo einen Sitzplatz gesucht. Nach dem Lied überreichen die großen Kinder ihrem jeweiligen Patenkind die kleine Tüte, begrüßen es noch einmal persönlich und stellen sich evtl. (wo noch nötig) vor – als das Kind, das sie immer alles fragen dürfen, ihren Paten.
Die Gruppe 2-Kinder nehmen auf den noch freien Stühlen Platz.
Nun erhalten die Neuen ein Namensschild in Form unseres Klassenzeichens (ein großer und ein kleiner Bär), indem sie ihr Namensschild – sortiert auf zwei räumlich voneinander entfernten Tischen nach Mädchen- und Jungennamen – heraus „lesen". Damit nehmen sie vorne vor der Tafel im Sitzoval Platz. Die Gruppe 2-Kinder setzen sich zu ihrem jeweiligen Patenkind dazu. Nach einem Kreiswurfspiel zum ersten Kennenlernen aller Namen suchen nun die Paten gemeinsam mit ihrem Patenkind einen Tisch aus, an dem sie die nächste Zeit nebeneinander sitzen werden.
Hier übergibt das G2-Kind feierlich dem G1-Kind seine Anlauttabelle und erklärt ihm den Zusammenhang von Bild und danebenstehendem Zeichen.
Unser Klassentier (bei uns ein großer Tausendfüßler, der Tauti heißt, weil auf der Anlauttabelle u.a. ein Tausendfüßler und ein Tiger zu sehen sind) begrüßt

Liebe(r) _____!

Du kommst nun bald in die Schule. Darauf freuen wir uns schon!
Ich bin deine Klassenlehrerin und heiße _____.
Du wirst sehen, wir haben viel Spaß miteinander.

Wir wollen zusammen:
– malen
– lesen
– singen
– schreiben
– rechnen
– spielen und vieles mehr.

Damit wir dich schon ein bisschen kennenlernen, schicke uns doch
bitte ein Foto von dir. Wenn du auch ein Bild malst, hängen wir das
in unsere Klasse. Das sieht schön aus.

Wir freuen uns auf den _____, wenn du das erste Mal
in deiner neuen Schule bist.

Liebe Grüße

(hier unterschreiben alle „Großen" und die Lehrerin)

Schicke bitte das Foto und das Bild
(falls du eins malst) an folgende
Adresse:

_____

_____

_____

(hier z. B.
Foto der Lehrerin
einfügen)

ebenfalls die neuen Kinder und fordert sie auf, seinen Namen zu schreiben und ihn zu malen. Selbstverständlich machen wir das gemeinsam.

Am Ende der ersten Stunde haben die Neuen bereits ihr erstes Wort verschriftet: TAUTI.

Natürlich gibt es eine Hausaufgabe: ein Arbeitsblatt mit einer leeren Schultüte und der Aufforderung, alles hineinzumalen, was in der eigenen Schultüte drinsteckte!

Wer mag, kann versuchen, mit Hilfe der Anlauttabelle das Wort Tüte auf das Blatt zu schreiben.

Nun singen wir noch gemeinsam das Lied „Die Schule ist aus...", und dann begleiten die G2-Kinder ihr Patenkind hinaus zu den Eltern!

Eine wunderbare Form des Schulanfangs hat begonnen. Wie es dann ganz praktisch die nächsten Wochen weitergeht, steht in Kapitel 5.

Name: ______________________ Datum: __________

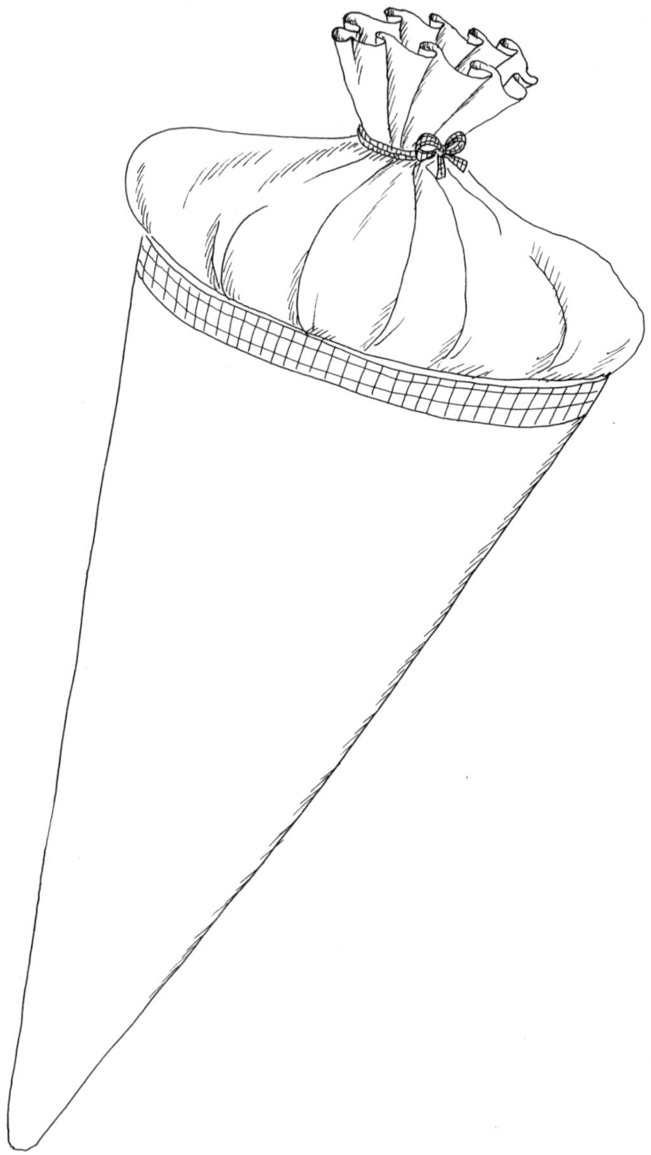

4. Unterrichtsorganisation in der jü-Klasse

• Das Werkstattprinzip

Intention

Eine tragende Säule des jü-Unterrichts ist der Werkstattunterricht. Wer seinen Schülern eine Unterrichtswerkstatt anbietet, tut dies, um
- der Individualität des einzelnen Kindes zu entsprechen,
- den Kindern neue und erweiterte Möglichkeiten zu eigenaktivem und selbstgesteuertem Lernen einzuräumen und um
- spezifische Erziehungsziele wie Selbstständigkeit, Selbstverantwortung, Initiative, Kreativität zu erreichen.

Die Bezeichnung Werkstattunterricht meint einen Unterricht in der Art einer Werkstatt:
→ In einer Werkstatt wird gearbeitet,
→ nicht alle Mitarbeiter machen dasselbe,
→ hier ist ein Handwerker allein, dort sind drei zusammen an einer Arbeit,
→ nicht überall arbeitet der Meister mit, steht den Gesellen aber jederzeit bei Problemen zur Verfügung.

Analog ist es beim Werkstattunterricht:
→ Die Kinder arbeiten,
→ sie arbeiten an verschiedenen Aufgaben,
→ sie arbeiten allein, zu zweit oder in Gruppen,
→ sie arbeiten selbstständig, d. h. ohne Lehrerin (die aber bei Schwierigkeiten Hilfestellung gibt).

Reichen, J.: Lesen durch Schreiben. Allgemeindidaktische und organisatorische Empfehlungen, Heft 2, sabe AG, 1988)

Unterrichtspraxis

Jede angebotene Werkstatt ist mit einem Sachthema verknüpft. Der jü-Unterricht bedingt, dass z. B. das Thema Wasser nur einmal von einem Schüler (als Erst- **oder** Zweitklässler) durchlaufen wird. Dies ist zeitlich und organisatorisch nicht anders durchführbar, da sonst gar nicht alle Themen in den ersten zwei Schuljahren behandelt werden könnten.

Die Werkstätten sind so gegliedert, dass alle Schüler – auf unterschiedlichem Niveau – das Thema einer Werkstatt bearbeiten und erfassen. Keine Werkstatt läuft in den ersten zwei Schuljahren doppelt in der Art, dass sie einmal als Erstklässler und dann später noch einmal als Zweitklässler durchlaufen wird.

Im Kapitel 5 finden Sie Beispielwerkstätten. Es ist sicher hilfreich, wenn Sie die nun folgenden Erläuterungen zur Werkstatt direkt mit dem Praxisteil nachvollziehen.

Lernangebote in einer Werkstatt

Der Umfang des Lernangebotes richtet sich natürlich erst einmal nach dem zur Verfügung stehenden Zeitrahmen. Manchmal ist zwischen den jeweiligen Ferien Zeit für eine, manchmal sogar für zwei Werkstätten. Bei uns ist eine Werkstatt im Durchschnitt für drei bis vier Wochen aufgebaut.

In jeder Werkstatt werden 24 bis 30 Lernangebote präsentiert.

Die Werkstatt ist wie ein Buffet: Es gibt von allem und für alle etwas, aber nicht alle müssen alles „essen"!

Das Überangebot ist so ausgerichtet, dass leistungsstarke Schüler auf jeden Fall „satt" werden können.

Jedes Lernangebot besteht aus einer Auftragskarte und dem entsprechenden Lernmaterial.

Das Lernmaterial sollte nicht nur aus Arbeitsblättern bestehen, sondern Möglichkeiten zum handelnden Umgang eröffnen: z. B. Montessori-Material, Puzzle, Utensilien für Versuche etc.. Wenn eine Werkstatt viele attraktive Angebote offeriert, werden auch Notwendigkeiten wie z. B. rechtschriftliche Übungen leichter akzeptiert.

Der Werkstattunterricht in der jü-Klasse erlaubt eine gute Ausnutzung von Unterrichtzeit und Arbeitsmaterial. Eine Werkstatt ermöglicht Lernangebote, welche an teures Material gebunden sind, da dieses Material von den Kindern nacheinander genutzt werden kann. Es muss nicht in Klassenstärke vorhanden sein.

Die einzelnen Lernangebote einer Werkstatt sollten einen Schüler mindestens 20 Minuten beschäftigen.

In jeder Werkstatt befinden sich Angebote, die aus dem Klassenraum herausführen: Beobachtungen, Interviews, Gespräche …

Wenn Sie eine Werkstatt zusammenstellen, beachten Sie die Ausgewogenheit der eben genannten Merkmale.

Achten Sie ebenso darauf, dass in jeder Werkstatt immer ein oder mehrere Lernangebote zu den Deutschbereichen

- **Rechtschreibung:** Diktattexte, Lernwörter oder andere Übungen zu dem von Ihnen gerade behandelten Rechtschreibschwerpunkt
- **Lesen/Umgang mit Texten:** z. B. Sachtexte, Gedichte …
- **Schreibanlässe** mit Wortvorgaben, Bildern oder vorgegebenen Geschichtenanfängen

– **Sprachbewusstsein entwickeln:** je nachdem, welchen Schwerpunkt Sie gerade behandeln, z.B. Wortarten, Einzahl-Mehrzahl, Vorsilben... enthalten sind.

Dazu beinhaltet die Werkstatt immer Lernangebote aus dem aktuellen **Sachunterrichtsthema** (z.B. Versuche und Sachtexte) und Angebote aus den Fächern **Kunst** und **Musik,** wenn Sie diese Fächer in Ihrer Klasse unterrichten.

Je nach Thema und Anzahl der Angebote muss eine Werkstatt nicht immer von Anfang an komplett präsentiert werden.
Bei manchen Lernangeboten ist es sinnvoll, sie erst später einzubringen, evtl. zu erläutern und dann dazuzulegen.
Notwendige Einführungen von Lernangeboten können auch bewusst zu einem bestimmten Zeitpunkt mit allen gemeinsam stattfinden und dann die Werkstatt bereichern.

Auftragskarten
Zu jedem Lernangebot gehört eine Auftragskarte, die zu dem entsprechenden Lernmaterial in die Werkstatt gelegt wird. Jede Auftragskarte hat die Größe DIN A6 und steckt in einer entsprechenden Folientasche. Sie bleibt während der ganzen Werkstattzeit beim Lernangebot liegen (Ausnahme: Beginn einer neuen Werkstatt, wenn es um den Chef für diesen Auftrag geht).

Auftrag _____: _____

Hilfe und Kontrolle: _____

Klare und einfache Formulierungen, die Durchnummerierung der einzelnen kurzen Arbeitsanweisungen und die Information zur Materialbeschaffung (falls es z.B. zu groß ist und nicht direkt beim Lernangebot deponiert werden kann) auf dieser Karte sind wichtig, damit möglichst keine Rückfragen zur Durchführung des Auftrages notwendig sind.

Bei manchen Aufträgen ist es auch notwendig, die Gruppengröße und/oder den Ausführungsort auf der Auftragskarte zu notieren.

Jede Auftragskarte hat eine Auftragsnummer mit einem Kurztitel des Lernangebotes.

Auf jeder Auftragskarte befindet sich die Zeile „Hilfe und Kontrolle".

Es gibt weiße, grüne und rote Auftragskarten.

Eine weiße Auftragskarte bedeutet, dass dieser Auftrag gemeinsam von einem Schüler der Gruppe 1 und einem Schüler der Gruppe 2 in Partnerarbeit erledigt werden **muss.**

In der Reihenfolge der Lernangebote nehmen die weißen Auftragskarten in einer Werkstatt die vorderen Plätze ein (z. B. 1 – 12 oder 1 – 16). Die weiteren Aufträge gibt es dann in Grün und Rot. Die Auftragskarte 16 in Rot bedeutet, dass dieser Auftrag für die Kinder der Gruppe 2 gedacht ist.

Die Auftragskarte 16 in Grün bedeutet, dass dieser Auftrag von den Kindern der Gruppe 1 bearbeitet werden soll.

Normalerweise werden alle Aufträge immer in Partnerarbeit gelöst.

Wenn ein Auftrag in Einzelarbeit oder Gruppenarbeit bewältigt werden soll, ist dies durch ein entsprechendes Symbol auf der Auftragskarte vermerkt.

Ein Kind der Gruppe 1 darf ohne Rückfragen immer anstelle des grünen den roten Auftrag bearbeiten, wenn es sich das zutraut.

Ein Kind der Gruppe 2 darf sich nur nach Rücksprache mit der Lehrerin anstelle „seines" roten Auftrages den grünen Auftrag vornehmen.

Die Zeile „Hilfe und Kontrolle" ist Thema im nächsten Abschnitt.

Das Chefprinzip

Mit dem Chefsystem erfolgt eine Kompetenz- und Aufgabendelegation an die Kinder.

Ein Kind wird nicht selbstständig, wenn man ihm immer vorschreibt, was es zu tun und zu lassen hat. Verantwortungsbewusstsein wird ein Kind nicht entwickeln, wenn man ihm nie Verantwortung überträgt.

Das Chefsystem verlangt von den Kindern verantwortungsvolles und selbstständiges Handeln. Ich muss meinen Schülern dies allerdings auch zutrauen.

Das Chefsystem funktioniert nur, wenn man folgende Regeln beachtet:

- Es müssen alle Kinder Chefs werden können.
- Der Zugang zu allen Chef-Ämtern muss demokratisch sein.
- Entscheidungen der Chefs müssen von allen (auch von der Lehrerin) akzeptiert werden. Wenn Chef-Maßnahmen von der Lehrerin ignoriert oder unterwandert werden, funktioniert das System nicht mehr.

Durch die Chef-Aufgabe ist das Kind für ein oder mehrere Angebote Experte und kann seinen Mitschülern helfen.

Es verwaltet, falls notwendig, zum Angebot zugehöriges Material.

Es nimmt Arbeitsergebnisse entgegen und korrigiert gegebenenfalls.

Dieses System hat neben den Zielen der Erziehung zur Selbstständigkeit und zu verantwortlichem Handeln folgende weitere Effekte:

- Weil nun die Zahl der kompetenten „Lehrer" in der Klasse erhöht ist, kommen schwache Schüler in den Genuss einer längerfristigen Lernhilfe durch Mitschüler oder durch die Lehrerin.
- Wenn Schüler anderen Schülern etwas erklären oder beibringen müssen, festigt sich bei ihnen der Lernstoff.
- Chef-Systeme vertiefen das Beziehungsgeflecht unter den Kindern und steigern das Wir-Gefühl.

Wie sieht nun das Chefprinzip in einer Werkstatt aus?

Zu Beginn einer Werkstatt suchen sich zwei Schüler aus den ersten 12 Lernangeboten einen Auftrag aus und nehmen die Auftragskarte und das entsprechende Material mit an ihren oder an den dafür vorgesehenen Platz (ist es ein weißer Auftrag, sind es ein Gruppe 1- und ein Gruppe 2-Kind; ist es ein roter Auftrag, sind es zwei Gruppe 2-Kinder; ist es ein grüner Auftrag, sind es zwei Gruppe 1-Kinder).

Nun wird der Auftrag genau gelesen und ausgeführt.

Nachdem die zwei Schüler gemeinsam den Auftrag vollständig erledigt haben, zeigen sie der Lehrerin ihr Arbeitsergebnis. Die Lehrerin überprüft und korrigiert gegebenenfalls. Es kann passieren, dass die Schüler noch zwei-, dreimal an diesem Auftrag „nachbessern" müssen, bis er wirklich zur vollen Zufriedenheit erledigt ist.

Hier muss man sehr genau auf die korrekte Ausführung des Auftrags schauen. Die Kinder erhalten anschließend von der Lehrerin eine Unterschrift in der Chef-Spalte bei dem entsprechenden Auftrag auf ihrer Arbeitskarte. Sie malen das „Erledigt-Feld" aus. Dann dürfen die Schüler ihre Namen in die Zeile „Hilfe und Kontrolle" auf der Auftragskarte schreiben und sind damit Chefs dieses Auftrages.

Die Auftragskarte wird dann in das Werkstattregal zurückgelegt und festgeklebt. Sie bleibt dort bis zum Ende der Werkstatt liegen.

Beide Schüler müssen nun aus den Lernangeboten 13 – 24 ein weiteres Angebot heraussuchen, das sie entsprechend bearbeiten, um dafür die Chefaufgabe zu übernehmen. Nun kann es sein, dass sie dies mit einem anderen Partner tun müssen, weil die Auftragskarte vielleicht nicht weiß, sondern grün oder rot ist. So ist bei 24 Schülern jeder Schüler für zwei Lernangebote Chef (für eins in der ersten und eins in der zweiten Hälfte der Werkstatt)

Sobald die Auftragskarten mit den Namen der zuständigen Chefs wieder in der Werkstatt liegen, sind diese Lernangebote für alle freigegeben. Sie können nun von Schülern bearbeitet werden, die ihre zwei „Pflichtchefaufträge" bereits erledigt haben.

Während der Werkstattarbeit sieht das Chefprinzip so aus:

- Franziska und Julia aus Gruppe 2 sind Chefinnen für den roten Auftrag 14; alle Schüler der Gruppe 2 gehen bei Unklarheiten und zur Kontrolle zu Franziska oder Julia.

- Lina und Frank aus Gruppe 1 sind Chefin und Chef für den grünen Auftrag 14; alle Schüler der Gruppe 1 wenden sich bei Problemen an Lina oder Frank und zeigen Lina oder Frank den fertiggestellten Auftrag zur Kontrolle.

- Paula (Gruppe 2) und Simon (Gruppe 1) sind die Chefs für den weißen Auftrag 2, der in Partnerarbeit jahrgangsgemischt erledigt werden muss. Treten beim Bearbeiten der Aufgabe Schwierigkeiten auf, können sich die Schüler bei Simon oder Paula erkundigen. Von einem der beiden erhalten sie die Chefunterschrift, wenn alles in Ordnung ist.

Als ich vor sechs Jahren mit dem Werkstattunterricht begann, war ich skeptisch, ob dieses selbstorganisierte Lernen und vor allem die Schülerkontrolle wohl klappen würden. Aber es zeigte sich, dass die Schüler die ihnen übertragene Aufgabe sehr gewissenhaft und kompetent erledigten.

Die leistungsschwachen Schüler entwickelten ein gutes Selbstbewusstsein, da sie als Chef eines Auftrages als kompetent galten und anerkannt waren. Durch das Chefprinzip können die Vorteile der Jahrgangsmischung voll zur Geltung kommen.

„Es gibt keine andere Maßnahme, mit der sich Kommunikation, Kooperation, Organisation und Emanzipation in der Klasse derart nachhaltig verbessern bzw. steigern lassen, als das Chefsystem – glauben Sie mir."[13]

---

13) Reichen, Jürgen in: Die Weihnachtswerkstatt (1999)

Darüber hinaus entlastet das Chefprinzip die Lehrkraft, der mehr Zeit für die Beobachtung und individuelle Begleitung der Schüler zur Verfügung steht.

Die Arbeitskarte
Die Arbeitskarte hat DIN-A4-Größe. Oben auf dem Blatt steht das Thema der Werkstatt.

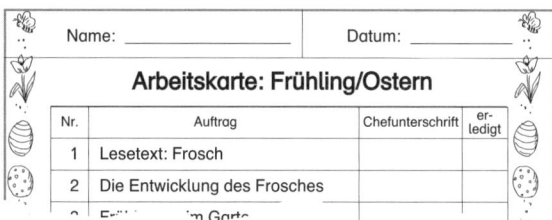

Auf dieser Arbeitskarte sind alle Aufträge aus der Werkstatt mit der entsprechenden Auftragsnummer und dem Kurztitel aufgelistet. In jeder Zeile befindet sich neben dem Kurztitel ein Feld für die Chefunterschrift, dahinter ein „Erledigt-Feld".
Die Arbeitskarte bietet dem Schüler einen Überblick über die gesamten Lernangebote.
Alle Kinder bekommen zu Beginn einer neuen Werkstatt eine Arbeitskarte. Bei den Auftragsnummern, bei denen die Erstklässler etwas anderes bearbeiten als die Zweitklässler (grüne und rote Aufträge) stehen natürlich verschiedene Kurztitel auf der Arbeitskarte. Sie wird immer sofort in eine rote Mappe eingeheftet und jeder Schüler trägt gleich seinen Namen in die Zeile „Arbeitskarte: _____" ein.
Die Schüler können – nach Erledigung ihrer zwei Chefaufträge – die anderen Aufträge aus der Werkstatt bearbeiten, bei denen auf der Auftragskarte in der Werkstatt zwei Schüler in der Zeile „Hilfe und Kontrolle" eingetragen sind.

Hat ein Schüler einen Auftrag erledigt, geht er mit dem fertiggestellten Auftrag und seiner Arbeitskarte zu einem der beiden Chefs dieses Auftrages. Dieser kontrolliert die Arbeit. Wenn der Chef der Meinung ist, dass der Auftrag vollständig und richtig bearbeitet ist, bestätigt er dies durch seine Unterschrift hinter dem jeweiligen Auftrag auf der Arbeitskarte des Schülers.
Nun darf dieser das „Erledigt-Feld" vollständig anmalen.
Durch das angemalte Feld erhalten Schüler und Lehrer zügig und ohne großen Aufwand einen Überblick, welche und wie viele Aufträge aus der Werkstatt bereits erledigt sind.
Bei den Aufträgen, die an einem Tag in der Werkstattzeit nicht fertiggestellt werden konnten, malen die Schüler auf ihrer Arbeitskarte das entsprechende „Erledigt-Feld" nur halb an. So können Schüler und auch die Lehrerin am

nächsten Tag mit einem kurzen Blick auf die Arbeitskarte feststellen, welche angefangene Arbeit zuerst fertiggestellt werden muss.

Jeden Montagmorgen legen alle Schüler ihre Arbeitskarte offen auf den Tisch. Dann kann man sich schnell „im Durchgehen" einen Überblick verschaffen, wie viel die Schüler im Durchschnitt bereits bearbeitet haben.

Da bei jeder Auftragsnummer auf der Arbeitskarte der Kurztitel des Auftrages steht, ist auch schnell zu erkennen, ob ein Schüler gewisse Gebiete meidet bzw. bevorzugt.

So kann man am Montagmorgen auch eine gewisse Steuerung vornehmen, falls dies bei manchen Kindern nötig ist.

Ich setze dann eine individuelle Nummerierung vor die jeweiligen Aufträge. Der Schüler wird so auf eine bestimmte Reihenfolge in der Bearbeitung festgelegt, kann also nicht mehr frei wählen. Je nachdem, wie eng ein Schüler geführt werden muss, kann man sich die Karte täglich zeigen lassen.

So bietet die Arbeitskarte Transparenz für die Schüler und die Lehrerin und man kann – wenn man möchte – über diese Karte individuelle Arbeitsanforderungen an einzelne Schüler stellen.

Sie dient ebenso als grobes „diagnostisches Hilfsmittel", um Entwicklung und Leistungsstand des Schülers einzuschätzen.

Regeln

Im Werkstattunterricht müssen bestimmte Regeln von allen beachtet werden. Die Gruppe 2-Kinder wissen um ihre Vorbildrolle und vermitteln den Gruppe 1-Kindern schon durch ihr Verhalten, was erlaubt ist und was nicht.

Ich habe die Erfahrung gemacht, dass die Großen viel Wert auf die Einhaltung legen und sehr schnell einschreiten, wenn die Kleinen sich nicht wie sie an die Regeln halten. Ich bin da als Lehrerin sehr entlastet durch die Großen. Natürlich müssen die Großen dieses Regelwerk gut kennen und gelernt haben, dass die Einhaltung konsequent eingefordert wird. Dann übernehmen sie in diesem Punkt die Rolle des Erziehers wie selbstverständlich. Ich muss die Kleinen dann nicht mehr anleiten.

Bei uns sind folgende Regeln für die Arbeit wichtig:

Erlaubt ist:
– sich eine Arbeit aussuchen
– allein oder mit anderen gemeinsam arbeiten
– seine Arbeitsvorhaben leise mit anderen besprechen
– vom Platz gehen
– anderen helfen
– andere um Hilfe bitten

- nach Absprache mit den Betroffenen einen anderen Platz wählen
- immer den Flüsterton benutzen.

Verboten ist:
- anderen etwas wegnehmen
- andere kränken, auslachen oder ärgern
- andere stören
- durch die Arbeitsräume rennen
- entfernt sitzenden Mitschülern quer durchs Zimmer zurufen
- unvorsichtig mit Material umgehen
- ohne Aufräumen vom Platz gehen
- direkt bei Fragen zur Lehrerin gehen
- einen angefangenen Auftrag wieder zurück in die Werkstatt legen
- die Lehrerin stören, wenn sie mit einem Schüler oder einer Schülergruppe arbeitet.

Diese Organisation ermöglicht die Individualisierung in einem jü-Unterricht und erlaubt das Lernen nach eigenem Tempo. Auf die Heterogenität einer jahrgangsgemischten Lerngruppe sowohl im kognitiven als auch im sozialen/emotionalen Bereich wird so ideal reagiert.

Beim Abschluss einer Werkstatt zeigt sich der Bearbeitungsunterschied rein quantitativ wie folgt:
Die leistungsstarken Schüler sind bereits seit zwei bis vier Stunden mit der Werkstatt fertig und werden individuell versorgt (bzw. „versorgen" sich selbst) mit Angeboten aus den Deutsch- oder Sachunterrichtsregalen oder mit anderen Dingen, an denen sie arbeiten wollen.
Ein großer Teil der Schüler hat die Werkstatt zu 3/4 bearbeitet.
Da die nächsten Werkstätten wieder Aufgaben mit ähnlichen Zielen (siehe Kapitel 4: Das Werkstattprinzip, Unterrichtspraxis) beinhalten, wird kein Nacharbeiten der fehlenden Aufträge gefordert.
Die leistungsschwächeren Kinder schaffen vielleicht die Hälfte der Aufträge. Auch hier wird kein Nacharbeiten gefordert, denn die Kinder haben das geschafft, was sie können.
So werden Über- und Unterforderung der Schüler verringert, das Lernen wird prozessorientiert und nicht ausschließlich zielorientiert betrachtet.

Durch den Werkstattunterricht hat die Lehrerin Zeit zur Beobachtung der Kinder in natürlichen sozialen Situationen und Zeit für die individuelle Förderung; sie kann sich intensiv mit einzelnen Kindern befassen.
Sinnvollerweise gehört dazu eine intensive Zusammenarbeit mit dem Elternhaus und evtl. anderen Institutionen.

Wichtige Kleinigkeiten

Hier nun noch einmal wichtige organisatorische Hinweise in Kurzform, die den Ablauf einer Werkstattzeit erleichtern und sich in der Praxis bewährt haben:

- Trennen Sie das Werkstattangebot bzw. den Werkstattaufbau deutlich von Ihren sonstigen Freiarbeitsmaterialien (siehe Klassenzimmergestaltung)

- Transparente Ablagekörbe (DIN A4) sind ideale Aufbewahrungskisten für die einzelnen Lernangebote mit den dazugehörigen Auftragskarten. Man hat schneller als bei farbigen Ablagekästen den „Durchblick". Auch lassen sich mit den Ablagekörben platzsparend die roten und grünen Lernangebote mit der gleichen Auftragsnummer übereinander in der Werkstatt anordnen.

- Jedes Kind hat einen eigenen transparenten – mit seinem Namen versehenen – Ablagekorb. In diesen Ablagekorb legen die Kinder angefangene Arbeiten von Aufträgen, die am Ende der Werkstattzeit eines Unterrichtstages eben noch nicht vollständig erledigt sind.

- Jedes Kind hat ebenso einen Hängeordner mit seinem Namen. Hier werden die fertigen Arbeiten/Aufträge eingeordnet. Der Lehrerspruch am Ende einer Werkstattzeit am Vormittag: „Angefangenes jetzt in den Ablagekorb, Fertiges jetzt in den Hängeordner.

Hole deine Arbeitskarte heraus und male das Feld halb an, wenn du gerade etwas in deinen Ablagekorb getan hast."

- Stecken Sie die Auftragskarten in stabile Klarsichthüllen DIN A6 (ähnlich den Hüllen für Monatsfahrkarten).

- Entzerren Sie „Stauzonen" (gerade am Anfang und am Ende der Werkstattzeit), indem Sie die Ablagekörbe der G1 und G2 an verschiedenen Orten aufstellen (dasselbe gilt für die Hängeordner). Auch bekommt man selbst dadurch schneller einen Überblick über den Bearbeitungsstand der Gruppe 1 und 2, wenn sie nicht gemischt geordnet sind!

- Binden Sie am Ende einer jeden Werkstatt ein Themenbuch für jedes Kind. Dazu ordnen Sie alle fertigen Blätter aus den Hängeordnern mit den Kindern gemeinsam. Zuerst werden die Hängeordner der G1-Kinder an deren Platz geholt. Jedes G2-Kind hilft einem G1-Kind beim Ordnen! Die Arbeitskarte kommt ganz oben drauf. Ebenso machen es dann die G2-Kinder mit ihren Blättern aus dem Hängeordner. Es wird dann ein Deckblatt gestaltet, oben aufgelegt und eine DIN-A4-Pappe wegen der Stabilität als letztes Blatt verwendet. Die Stapel werden vorsichtig eingesammelt. Nun können Sie recht schnell mit einem großen „Tacker" drei Klammern setzen und ein Gewebeband als Rücken darüberkleben.
Natürlich überreichen Sie die Themenbücher nicht nebenbei, sondern machen etwas Besonderes daraus. Ich habe jedem Kind sein Themenbuch immer sehr persönlich mit ein paar passenden Worten zurückgegeben.

Immer Werkstattarbeit?

Im Kapitel 3, Unterpunkt Stundenplangestaltung, spreche ich von einem sog. „Werkstattband", das sich durch die Woche zieht.

Der Umfang eines Werkstattbandes kann, je nach Stundenzahl der Lehrerin in der Klasse, unterschiedlich sein.

Nun nehmen wir den Fall an, dass die Fächer Deutsch, Musik, Kunst und Sachunterricht in einer Hand liegen. Dann könnte das Werkstattband auf jeden Fall mit täglich zwei Stunden pro Woche durchlaufen.

Je nach Bundesland wird Mathematik mit vier oder fünf Stunden pro Woche extra ausgewiesen; in Bayern wird alles im Grundlegenden Unterricht zusammengefasst.

Es bleibt in einer Schulwoche für die erste und zweite Klasse gerade noch Platz im Stundenplan für Religion (meist zweistündig) und zwei oder drei Stunden (je nach Bundesland) Sport.

Jede Stufe erhält eine Teilerstunde pro Woche, in der z. B. Leistungskontrollen stattfinden können oder sehr stufenspezifische Inhalte thematisiert werden. So sind schon alle Wochenstunden für Klasse 1 und 2 verbraucht.

Nun könnte nach der Beschreibung der Werkstattpraxis der Eindruck entstehen, dass in der Werkstattzeit ausschließlich so gearbeitet wird, wie wir es oben beschrieben haben.

Das ist nicht der Fall!

Im Werkstattband haben, so wie die Lehrerin es für richtig und notwendig erachtet, auch folgende gemeinsame Aktionen ihren Platz:

- feste Rituale wie z. B. der Montagskreis oder der Wochenabschluss
- gemeinsame Feste (Geburtstag etc.)
- Einführung bestimmter Werkstattangebote, die einer besonderen Erläuterung oder Vorführung bedürfen
- Filme, Dias und Versuche, die eine interessante Erweiterung des Werkstatthemas bieten
- gemeinsames Singen, Musizieren oder Betrachten
- Präsentationen, Lese- und Gedichtvorträge, die an das Werkstattthema gekoppelt sind
- eventuelle Hausaufgabenkontrolle, wenn es eine einheitliche Hausaufgabe gab
- Besprechungen aller Art, auch Einführung in eine neue Werkstatt
- Deckblattgestaltung und Ordnen des Themenbuches am Ende einer Werkstatt

Es gibt bei Ihnen vielleicht noch mehr und andere Aktionen, die Sie sich gut im Werkstattband vorstellen können.

Manchmal bietet sich eine der genannten Aktionen am Anfang oder Ende der Werkstattzeit an; manches lockert vielleicht gerade mittendrin auf.

Sie entscheiden dies nach dem Umfang der Werkstatt, nach dem Vorwärtskommen innerhalb der Werkstatt und nach der täglichen Verfassung der Lerngemeinschaft (und Ihre Verfassung ist sicher auch noch mitbestimmend!). Aber häufig hängt alles mit der Werkstatt, die Sie gerade anbieten, zusammen.

Viele dieser Aktionen lassen sich in 30 Minuten durchführen, sodass mindestens 60 Minuten täglich verlässlich für die Schüler „reine" Werkstattarbeit bleiben.

Wir haben unseren Schülern morgens immer einen kleinen Tagesplan an die Tafel geschrieben, der den Schülern Transparenz und Orientierung für den Vormittag gab.

Dabei haben wir mündlich eingefügt, wie die Werkstattzeit am Vormittag gestaltet werden soll.

• Mathematik

Struktur und Inhalte

Gesellschaftliche Veränderungen und schulgesetzliche Änderungen führen dazu, dass der Unterschied zwischen den Schülern, die eingeschult werden, weiterhin wächst.

Speziell in der Mathematik ist der Unterschied in der Eingangsstufe sehr schnell zu spüren.

Einige Schüler kommen erwartungsfreudig mit stolzen Rechenfertigkeiten im Hunderterraum zur Schule. Dort treffen sie auf Schulanfänger, die weder Ziffern schreiben und lesen noch bis fünf zählen können.

Hier steckt die Problematik des Anfangsunterrichts. Wie können wir diese Diskrepanz auffangen und vielen (allen?) Kindern gerecht werden?

Das bisher vorherrschende Prinzip der Jahrgangsklasse fördert in unseren Köpfen das Trugbild von einer relativ homogenen Lerngruppe.

Obwohl uns diese großen Leistungsunterschiede der Kinder eigentlich bekannt sind, schürt das Bestehen von Jahrgangsklassen bei uns die Vorstellung, dass es in einer Klasse einen ziemlich homogenen Kern gibt und dazu einige „Ausreißer" nach oben und unten. Denen versuchen wir durch Differenzierung zu entsprechen.

Das Prinzip der Jahrgangsklasse erschwert eine weit angelegte Differenzierung. „Die Schuleingangsproblematik könnte durch ein jahrgangsübergreifendes Konzept sicherlich entspannt werden, da der faktischen Alters- und Entwicklungsmischung damit ein pädagogisch sinnvoller Rahmen gegeben würde." (Moll-Strobel, Helgard: Schulanfang in jahrgangsübergreifenden Klassen; in: Grundschulmagazin 5/1998)

Jahrgangsübergreifende Gruppenbildung „zwingt" dazu, am Schulvormittag didaktisch und methodisch anders vorzugehen. So können die heutigen Anforderungen, die an eine Schuleingangsstufe gestellt werden, besser bewältigt werden.

Das jahrgangsübergreifende Konzept verlangt von Schule und Lehrern eine andere Unterrichtsorganisation und das Bereitstellen eines weit gefächerten Angebotes, wenn Erst- und Zweitklässler (und evtl. auch Drittklässler) in einem Raum **gemeinsam** lernen.

Wie das im Fach Mathematik geschehen kann, damit einerseits die Vorteile der Jahrgangsmischung zum Tragen kommen, andererseits die Unterschiede in den Lernvoraussetzungen passend bedient werden, möchten wir nun darstellen.

In der Mathematik sind die Lerninhalte durch die dem Fach zugrundeliegende hierarchische Struktur aufeinander aufbauend geordnet.

Zuerst muss eine grundlegende Zahlvorstellung vorhanden sein, damit im Zwanzigerraum gerechnet werden kann. Das kleine Eins plus Eins ist wiederum Voraussetzung für das Rechnen im Hunderterraum.

Diese Kompetenz ist Grundlage für das Einmaleins und das Rechnen im Tausenderraum.

Diese fachliche Struktur des arithmetischen Bereichs machen wir uns in einer jü-Klasse zu Nutze.

Die der Mathematik zugrundeliegende Systematik wird auf ein sogenanntes **„Regalsystem"** übertragen.

Die Schüler durchlaufen selbstständig und schrittweise einen systematisch und hierarchisch aufeinander aufbauenden Lehrgang.

Unser „Regalsystem" hat sich bewährt (es wird in der Jahrgangsklasse 3 weitergeführt).

Als Beispiel ist das Foto des ersten Regals (Zahlen bis 10 – Zahlbegriffsbildung) abgebildet.

Den Aufbau innerhalb der Regale können Sie über die angefügten Raster nachvollziehen. Dabei entsprechen die vier Zeilen des Rasters den vier Böden eines jeden Regals.

Alle im Raster mit ★ gekennzeichneten Kartons (1 bis 14) können Sie mit Kopiervorlagen, die Ihnen an Ihrer Schule oder privat zur Verfügung stehen, ausstatten.

Geeignete Vorlagen bieten ebenso:

- Silvia Regelein, Mathematik 1. Schuljahr. Oldenbourg Kopiervorlagen 113, ISBN 978-3-486-00291-1.
- Silvia Regelein, Mathematik 2. Schuljahr. Oldenbourg Kopiervorlagen 114, ISBN 978-3-486-00292-8.

- Die Matheprofis. Lehrermaterialien für das 1. bzw. 2. Schuljahr. Oldenbourg Schulbuchverlag. ISBN 978-3-486-80761-5 bzw. 978-3-486-80762-2.

Verkleinern Sie für die mit ★ gekennzeichneten Kartons die Arbeitsblätter auf DIN A5. Wenn Sie in einem Karton z.B. sechs verschiedene Kopiervorlagen zur Bearbeitung anbieten wollen, dann brauchen Sie sechs DIN-A5-Pappen, auf denen Sie jeweils eine DIN-A5-Prospekthülle festheften. In jede Hülle stecken Sie dann z. B. 12-mal das gleiche Arbeitsblatt. Auf der Vorder- oder Rückseite der Pappe kleben Sie ein Arbeitsblatt fest. So können Sie, wenn die Hülle irgendwann leer ist, schnell erkennen, mit welchem Arbeitsblatt Sie die Hülle wieder füllen müssen.

Alle anderen in DIN-A4-Form eingesetzten, mit einem grünen Punkt versehenen Arbeitsblätter und die „roten Schranken" (Tests und Lernzielkontrollen mit rotem Punkt) sind als Kopiervorlagen in das passende Regalraster eingefügt. So können Sie mit Hilfe der Raster und den Vermerken auf den Arbeitsblättern die Reihenfolge und den jeweiligen Standort der Vorlagen nachvollziehen.

Betrachten Sie den Aufbau der einzelnen Regale als eine Art Skelett oder Gerüst, das Ihnen eine Startmöglichkeit in diesen Unterricht bietet! Sie werden es im Laufe der Zeit entsprechend Ihrer Auffassungen, Erfahrungen und Bedürfnisse verändern und/oder erweitern.

Matheregal 1   Thema: Zahlen bis 10 – Zahlbegriffsbildung

Punktbilder von 1 bis 9 (zweimal)	Material: Punkt-Zahl-Zuordnung z. B.: Domino	Zahlen zum Fühlen
Ablagekörbe mit Arbeitsblättern zur Ziffernschreibweise von 0 bis 9 (auf vorhandenen Ziffernschreibkurs zurückgreifen, bzw. siehe Bezugsquellen, S. 92)	Material: Plättchen-Zahl-Zuordnung: Bohnen plus Holzscheiben mit Punktbildern oder Ziffern (Zuordnungsübungen)	Weiteres Zuordnungsmaterial wie an der Schule vorhanden!

Dominos: Menge-Zahl-Zuordnung	Karton ① ★: Verschiedene Arbeitsblätter zur Mengen-Zahl-Zuordnung

Spiele, wie vorhanden

Matheregal 2 Thema: Erstes Rechnen im Zahlenraum bis 10

Schaumstoffwürfel, andere Würfel: Rechnungen, die „geworfen" werden, werden in das Rechenheft eingetragen

Rechenmaschine zur Übung und Erklärung von Umkehraufgaben	Schüttelkästen zur Zahlzerlegung: Notation im Rechenheft
Karton mit Logico-Karten bis 10 (siehe Bezugsquellen, S. 92)	Karton ② ★: Arbeitsblätter: Plus- und Minusrechnungen bis 10
Ablagekorb mit grünem Punkt: Aufgabe im Blitzrechnen am PC (passend zum Zahlenraum bis 10) Ablagekorb mit rotem Punkt: Test 1	Lük (passend zum Zahlenraum bis 10)

T 1	Name: _____	Datum: _____

① Rechne:

$4 + 2 = \boxed{}$ $4 - 3 = \boxed{}$ $2 + 7 = \boxed{}$

$5 + 3 = \boxed{}$ $6 - 2 = \boxed{}$ $1 + 6 = \boxed{}$

$4 + 5 = \boxed{}$ $8 - 5 = \boxed{}$ $9 - 7 = \boxed{}$

$6 + 4 = \boxed{}$ $10 - 2 = \boxed{}$ $8 - 0 = \boxed{}$

② Rechne:

$5 + \boxed{} = 8$ $\boxed{} + 1 = 8$ $5 - \boxed{} = 3$

$6 + \boxed{} = 10$ $\boxed{} + 4 = 5$ $6 - \boxed{} = 1$

$2 + \boxed{} = 7$ $\boxed{} + 3 = 9$ $8 - \boxed{} = 2$

$3 + \boxed{} = 9$ $\boxed{} + 2 = 10$ $6 - \boxed{} = 0$

③ Setze ein: ist größer $\left(>\right)$, ist kleiner $\left(<\right)$ oder ist gleich $\left(=\right)$

$4 \bigcirc 6$ $3 \bigcirc 2$ $6 \bigcirc 6$

$9 \bigcirc 8$ $5 \bigcirc 5$ $4 \bigcirc 7$

④ Rechengeschichten:

Es waren 7!

$\boxed{} + \boxed{} = \boxed{}$ $\boxed{} - \boxed{} = \boxed{}$

Matheregal 3   Thema: Zahlen bis 20

grüner Punkt: Seguintafeln (Montessori) Aufbau des zweiten Zehners/ Stellenwert	1) Ablagekorb mit grünem Punkt: Arbeitsblatt „Die Zahlen bis 20" (Darstellung der Zahlen 10 bis 20 durch Stangenbilder) 2) Ablagekorb mit grünem Punkt: Blitzrechnen (PC: Zahlenraum bis 20)
grüner Punkt: Streifenbrett zur Addition und Subtraktion (Montessori)	DIN-A5-Ordner mit Rechenauf- gaben in Folientaschen zum Abschreiben oder Ausfüllen mit Folienstift ★
Karton ③ ★: 10 Arbeitsblätter: Plus- und Minusrechnungen bis 20	Ablagekorb mit grünem Punkt: Arbeitsblatt zum Stellenwert Ablagekorb mit rotem Punkt: Test 2

Karton ④ ★: 10 Arbeitsblätter: Plus- und Minusrech- nungen bis 20	Spektra: Rechenpyramide bis 20	Lük: Textaufgaben

| **AB** | Name: _____ | Datum: _____ |

Die Zahlen bis 20

①

Zehner	Einer		1	0
		10	1	0
		10 + 1 =		
		10 + 2 =		
		10 + 3 =		
		10 + 4 =		
		10 + 5 =		
		10 + 6 =		
		10 + 7 =		
		10 + 8 =		
		10 + 9 =		
		10 + 10 =		

②

| AB | Name: _____ | Datum: _____ |

Reihe 1

Zehner	Einer	Z	E	Zehner	Einer	Z	E	Zehner	Einer	Z	E	Zehner	Einer	Z	E

Reihe 2

Zehner	Einer	1 Z	2 E	Zehner	Einer	1 Z	2 E	Zehner	Einer	Z	E	Zehner	Einer	Z	E	Zehner	Einer	Z	E
	2																		
1																			

Reihe 3

Zehner	Einer		Zehner	Einer		Zehner	Einer		Zehner	Einer	
1	3		1	6		1	1		1	9	

Reihe 4

Zehner	Einer	1 Z	5 E	Zehner	Einer	1 Z	2 E	Zehner	Einer	Z	E	Zehner	Einer	Z	E	Zehner	Einer	Z	E
1	5			1	2			1	7			1	4			1	8		

T 2   Name: _____   Datum: _____

① ○○○○○ ●●●●●
       ○○○○○ ●●●●●

$16 = 10 + \boxed{6}$ $11 = 10 + \boxed{}$ $18 = 10 + \boxed{}$ $10 + 8 = \boxed{}$

$14 = 10 + \boxed{}$ $15 = 10 + \boxed{}$ $20 = 10 + \boxed{}$ $10 + 4 = \boxed{}$

$13 = 10 + \boxed{}$ $12 = 10 + \boxed{}$ $19 = 10 + \boxed{}$ $10 + 6 = \boxed{}$

$10 = 10 + \boxed{}$ $17 = 10 + \boxed{}$ $16 = 10 + \boxed{}$ $10 + 3 = \boxed{}$

② $13 = \boxed{1}\,Z + \boxed{3}\,E$ $1\,Z + 3\,E = \boxed{13}$ $1\,Z + 4\,E = \boxed{}$

   $10 = \boxed{1}\,Z + \boxed{0}\,E$ $1\,Z + 7\,E = \boxed{}$ $1\,Z + 5\,E = \boxed{}$

   $12 = \boxed{}\,Z + \boxed{}\,E$ $1\,Z + 2\,E = \boxed{}$ $1\,Z + 6\,E = \boxed{}$

   $15 = \boxed{}\,Z + \boxed{}\,E$ $1\,Z + 0\,E = \boxed{}$ $2\,Z + 0\,E = \boxed{}$

③

V	N	V	N	V	N	V	N
10		17	18	9			17
16		12			11		20
12		13			13		19
11			20		16		18

④ $2 + \boxed{} = 7$ $\boxed{} + 4 = 7$ $\boxed{} - 4 = 4$

   $3 + \boxed{} = 8$ $\boxed{} + 5 = 8$ $\boxed{} - 3 = 3$

   $4 + \boxed{} = 9$ $\boxed{} + 6 = 9$ $\boxed{} - 4 = 5$

   $5 + \boxed{} = 10$ $\boxed{} + 3 = 6$ $\boxed{} - 4 = 6$

Matheregal 4   Thema: Rechnen im Zahlenraum bis 20

grüner Punkt: Additionstabelle (Montessori-Material, siehe Bezugsquellen, S. 92)	grüner Punkt: Subtraktionstabelle (Montessori)

Karton mit Logico-Karten bis 20	Dominospiel	Ablagekorb mit rotem Punkt: Test 3

Karton ⑤ ★: 10 Arbeitsblätter: Plus-Minusrechnungen bis 20	Ablagekorb mit grünem Punkt: Sachgeschichtenkarten zum Ordnen mit Frage-, Rechnung- und Antwortkarten Ablagekorb mit grünem Punkt: Arbeitsblatt mit Sachgeschichten Ablagekorb mit rotem Punkt: Test 4
Heinevetter: Zehnertrainer (siehe Bezugsquellen, S. 92)	Klammerkarten: alle Rechnungen bis 20

| **T 3** | Name: _____ | Datum: _____ |

① Rechne:

4 + 3 = ☐	7 − 2 = ☐	11 + 5 = ☐
14 + 3 = ☐	17 − 2 = ☐	18 − 2 = ☐
2 + 4 = ☐	8 − 4 = ☐	14 + 4 = ☐
12 + 4 = ☐	18 − 4 = ☐	15 − 5 = ☐
14 + 5 = ☐	16 − 3 = ☐	12 + 6 = ☐
13 + 3 = ☐	19 − 7 = ☐	20 − 7 = ☐

② Rechne:

13 + ☐ = 16	14 − ☐ = 12	10 + ☐ = 18
16 + ☐ = 20	17 − ☐ = 13	18 − ☐ = 15
12 + ☐ = 17	16 − ☐ = 11	19 − ☐ = 13

③ Rechne:

4 + 3 + 2 = ☐	2 + 2 + ☐ = 7
2 + 1 + 4 = ☐	5 + 4 + ☐ = 10
1 + 6 + 2 = ☐	1 + 1 + ☐ = 8

④ Rechengeschichten:

☐ + ☐ = ☐   ☐ − ☐ = ☐

AB   Name: _____   Datum: _____

①

☐ Kinder spielen im Sand-
kasten.

☐ Kinder sind bei der Rut-
sche.

F: Wie viele Kinder sind es
zusammen?

R: ☐ + ☐ = ☐

A: Es sind zusammen
☐ Kinder.

②

10 Kinder sind auf dem Spielplatz.
3 Kinder verlassen gerade den
Spielplatz.

F: Wie viele Kinder bleiben auf
dem Spielplatz?

R: ☐ – ☐ = ☐

A: ☐ Kinder bleiben auf dem
Spielplatz.

③

☐ Kinder sitzen im
Sandkasten.

☐ Kinder sind auf dem
Klettergerüst.

☐ Kinder schaukeln.

F: Wie viele Kinder sind es ?

R: ☐ + ☐ + ☐ = ☐

A: Es sind ☐ Kinder.

④

In einer Tüte waren 20 Bonbons.
Susi und Paul essen 6 Bonbons
auf.

F: Wie viele Bonbons sind noch
in der Tüte?

R: ☐ – ☐ = ☐

A: In der Tüte sind noch
☐ Bonbons.

| **T 4** | Name: _____ | Datum: _____ |

① Rechne:

5 + 3 = __	12 + 3 = __	16 − 5 = __
2 + 6 = __	13 + 5 = __	19 − 3 = __
4 + __ = 8	__ + 4 = 16	15 − __ = 10
3 + __ = 9	__ + 3 = 17	18 − __ = 12
8 − 6 = __	10 + __ = 16	__ − 2 = 14
7 − 4 = __	15 + __ = 19	__ − 6 = 13
6 − __ = 2	8 + 6 = __	12 − 5 = __
8 − __ = 1	7 + 9 = __	14 − 8 = __
__ − 6 = 1	8 + __ = 12	13 − __ = 9
__ − 4 = 5	6 + __ = 13	11 − __ = 5

② Setze die richtigen Zeichen ein: =, >, <

7 ◯ 9   10 ◯ 15   3 + 8 ◯ 14   10 ◯ 4 + 8

17 ◯ 14   18 ◯ 18   17 − 4 ◯ 12   16 ◯ 7 + 9

③

Im Sandkasten spielen ☐ Kinder.

Auf dem Klettergerüst sind ☐ Kinder.

F: Wie viele Kinder sind es zusammen?

R: ☐ + ☐ = ☐

A: Zusammen sind es ☐ Kinder.

| **T 4** | Name: | Datum: |

④

14 Kinder waren auf dem Spielplatz.

☐ Kinder verlassen den Spielplatz.

F: Wie viele Kinder sind noch auf dem Spielplatz?

R: ☐ – ☐ = ☐

A: _____.

⑤

☐ Kinder spielen im Sandkasten.
☐ Kinder sind beim Klettergerüst.
☐ Kinder sitzen auf der Schaukel.

F: _____?

R: _____

A: _____.

Matheregal 5	Die Zahlen bis 100 und erstes Rechnen im Hunderterraum	
grüner Punkt: Hunderterfeld (Montessori-Material, siehe Bezugsquellen, S. 92)	grüner Punkt: Seguintafeln II (Montessori)	
Karton ⑥ ★: 5 Arbeitsblätter: Plus- und Minusrechnungen mit reinen Zehnern	Ablagekorb mit Material wie 100er-Feld, 100er-Strahl, Punktfeld etc. 1. Ablagekorb mit grünem Punkt: Arbeitsblatt 1 (Punktbild verbinden: 1 bis 100) 2. Ablagekorb mit grünem Punkt: Hunderterkette (Montessori) 3. Ablagekorb mit grünem Punkt: Arbeitsblatt 2 (Aufgaben zum 100er-Feld: Plätze richtig besetzen)	
1. Ablagekorb: Aufgabe im Blitzrechnen (PC) 2. Ablagekorb mit grünem Punkt: Arbeitsblatt 3 (fehlende Zahlen in Zahlenband eintragen) 3. Ablagekorb mit grünem Punkt: Arbeitsblatt 4 zur 10er-Bündelung 4. Ablagekorb mit grünem Punkt: Arbeitsblatt 5 zur Zahldarstellung Z E	Lük	Karton ⑦ ★: 3 Arbeitsblätter: Zahlen bis 100 (bildliche/zeichnerische Darstellung)
Karton ⑧ ★: 10 Arbeitsblätter: Rechnen im Zahlenraum bis 100 ohne Zehnerüberschreitung	1. Ablagekorb: Aufgabe im Blitzrechnen (am PC) 2. Ablagekorb mit grünem Punkt: Übung 1 (ZE-Bilder lesen und Zahl notieren, Nachbarzehner, Sachaufgaben) 3. Ablagekorb mit rotem Punkt: Lernzielkontrolle 1 (wie Übung 1)	Schlangenspiel zur Addition (Montessori) und Heinevetter: 100er-Trainer (siehe Bezugsquellen, S. 92)

AB 1	Name: _____	Datum: _____

Verbinde die Punkte der Reihe nach.

| AB 2 | Name: _____ | Datum: _____ |

① Schreibe die fehlenden Zahlen ins Haus.
② Male die Felder der Zehnerzahlen blau an.

Male mit Buntstiften in die Kästchen:

13 Herz	78 Bonbon	30 Apfel		
4 Blume	19 Haus	9 Blatt		
70 Tasche	93 Glocke	65 Kirsche		
43 Vogel	54 Kirche	59 Stuhl		
17 Tasse	26 Kreis	81 Auto		
38 Lutscher	89 Maus	100 Fragezeichen		

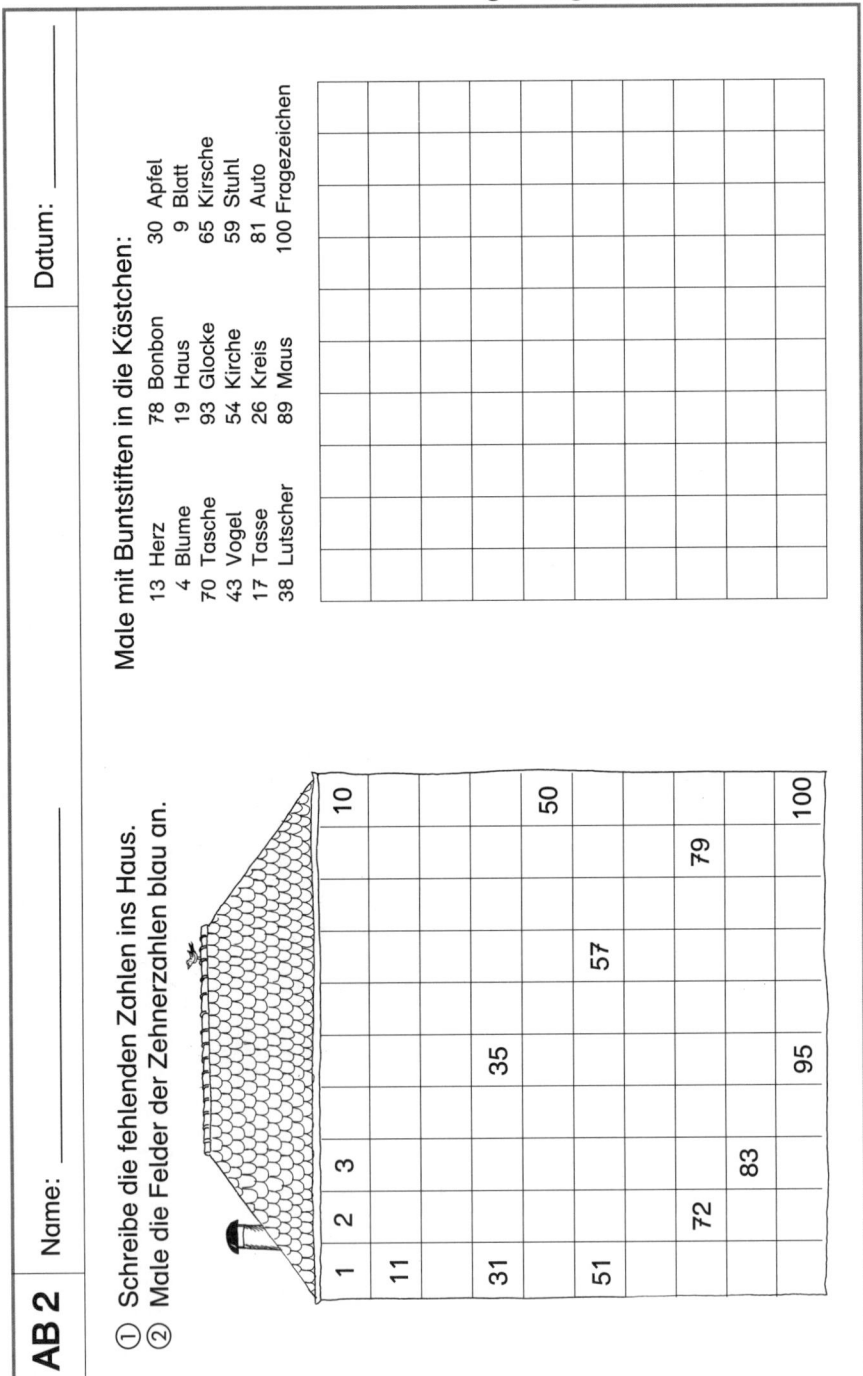

AB 3 | Name: _____ | Datum: _____

① Trage die fehlenden Zahlen in der richtigen Reihenfolge ein.

71 | 16 | | 55 | | 43 |
54 | 8 | | 60 | 98 | | 83 |
19 | 21 | | 52 | | 34 | 25 |
70 | | 77 | 35 | | 69 |
52 | 17 | | 61 | | 40 |
11 | 9 | | 12 | 16 |
7 | 33 | | 49 | 42 | | 37 | 59 |
28 | | 87 | | 31 |

② Hier siehst du Teile aus dem 100er-Feld. Ergänze die fehlenden Zahlen.

a) 28

b) 56

c) 73

③ Schreibe die fehlenden Zahlen in die Kästchen. Prüfe mit deiner 100er-Tafel.

a) 31, 32, ☐, ☐, ☐, ☐, ☐, ☐, 39

b) 53, 52, ☐, ☐, ☐, ☐, ☐

c) 23, 24, ☐, ☐, ☐, ☐, ☐

AB 4	Name: _____		Datum: _____

	Zehner	Einer	
	00000 / 00000	○	41
	3	5	26
			35
Zahl	3	5	18

	Zehner	Einer	
	00000 / 00000	A	23
			26
			31
	☐	☐	35

	Zehner	Einer	
	00000 / 00000	☆	43
			37
			33
	☐	☐	46

	Zehner	Einer	
	00000 / 00000	0	37
			39
			42
	☐	☐	31

	Zehner	Einer	
	00000 / 00000	☐	42
			28
			34
	☐	☐	32

	Zehner	Einer	
	00000 / 00000	△	50
			38
			40
			45

AB 5 | Name: _____ | Datum: _____

① Schreibe die Nachbarzahlen auf.

| 25 | 26 | 27 | | | 43 | | | | 60 | | | | 89 | | | | 94 | |

② Zähle weiter.

| 35 | 36 | 37 | | | | | | | |
| 84 | 83 | 82 | | | | | | | |

③ Welche Zahl siehst du hier?

| Z | E | | Z | E | | Z | E | | Z | E | | Z | E |
| 2 | 8 | 28 | | | | | | | | | | | | |

④ Welche Zahlen sind es? Schreibe auf.

0 10 20 30 40 50 60 70 80 90 100

⑤ Trage die richtigen Zahlen in die Kästchen ein.

60 — ○ — ○ — ○ — 65 — ○ — ○ — ○ — ○ — 70

⑥ Suche die Nachbar**zehner** und trage sie ein.

| 30 | 36 | 40 | | | 63 | | | | 71 | | | | 48 | | | | 89 | |

Ü 1 Name: _____ Datum: _____

① Welche Zahlen sind es? Trage <, > oder = ein.

a)

56 (>) 39

b)

☐ ◯ ☐

c)

☐ ◯ ☐

d)

☐ ◯ ☐

e)

☐ ◯ ◯

f)

☐ ◯ ☐

② Suche die Nachbar**zehner:**

| 30 | 36 | 40 | | | 52 | | | | 87 | | | | 72 | |

③ Ina hat 36 Kastanien. Sie findet noch 3 Kastanien.

    F.: Wie viele Kastanien hat Ina?
    R.: _____
    A.: Ina hat | · | Kastanien.

④ Die Kinder der Klasse Ü1 haben 43 Bucheckern gefunden. Ein Kind bringt am nächsten Tag noch 4 Bucheckern mit in die Schule.

    F.: _____?
    R.: _____
    A.: _____.

⑤ Die Klasse Ü1 hat 26 Schüler. Im Herbst macht die Klasse ein Drachenfest. 3 Kinder sind krank.

    F.: Wie viele Kinder kommen zum Drachenfest?
    R.: _____
    A.: _____.

| **LZK 1** | Name: _____ | Datum: _____ |

① Trage die richtigen Zahlen ein.

② Wie heißt die Zahl?

③ Trage den Vorgänger und den Nachfolger ein.

24	25	26			57				81				89	
	99			34				60				87		

④ Trage die Nachbar**zehner** ein.

| 50 | 51 | 60 | | 18 | | | 48 | | | 67 | |

⑤ < oder = oder >?

a)   64 ◯ 65   a)   25 ◯ 27
     39 ◯ 38   89 ◯ 87
     46 ◯ 46   28 ◯ 20

⑥ $34 + 3 = \_\_\_$ $88 - 7 = \_\_\_$ $81 + \_\_\_ = 84$
    $52 + 6 = \_\_\_$ $93 - 1 = \_\_\_$ $45 + \_\_\_ = 49$
    $39 - 2 = \_\_\_$ $72 + 3 = \_\_\_$ $94 - \_\_\_ = 91$
    $67 - 5 = \_\_\_$ $21 + 4 = \_\_\_$ $27 - \_\_\_ = 22$

⑦ Daniel hat 53 Murmeln. Er gewinnt 5 Murmeln dazu.
Frage: Wie viele Murmeln hat Daniel?
Rechnung: _____
Antwort: _____.

⑧ Petra hat 47 Sticker. Sie verschenkt an ihre Freundin 6 Sticker.
Frage: _____?
Rechnung: _____
Antwort: _____.

© Oldenbourg Schulbuchverlag GmbH, PRAXIS Bibliothek 255, Kursbuch jahrgangsübergreifender Unterricht   71

Matheregal 6   Addition und Subtraktion mit Zehnerübergang/Einmaleins

Karton ⑨ ★: 10 Arbeitsblätter: Plus- und Minusrechnungen mit Zehnerübergang einstellig (davor steckt im Karton eine Einfüh- rungskarte) → grüner Punkt	Ablagekorb mit grünem Punkt: Übung 2 (Plus- u. Minusaufgaben mit Zehnerübergang einstellig, Umkehraufgaben) Ablagekorb mit rotem Punkt: Lernzielkontrolle 2
Holzkasten mit Perlenreihen zum Einmaleins (Montessori)	Einmaleinsbrett (Montessori) mit Auftragskarten, zehn bestimmte Aufgaben zu legen
Karton ⑩ ★: Einführungskarte zum Einmaleins → grüner Punkt Nach Bearbeitung kann der da- runterliegende Einmaleins-Pass genommen werden. (1 x 1-Führer- schein z.B. aus: Karen Hinrichs, Lernwerkstatt Mathematik, Olden- bourg Schulbuchverlag)	Karton ⑪: Logico-Karten zum Einmaleins
Karton ⑫ ★: 10 Arbeitsblätter zum Einmaleins mit 2, 4, 5 und 10	Ablagekorb mit grünem Punkt: Übung 3 (1 x 1-Aufgaben) Ablagekorb mit rotem Punkt: Lernzielkontrolle 3 (wie Übung) Ablagekorb mit grünem Punkt: Übung 4 (Mal- und Kettenaufga- ben) Ablagekorb mit rotem Punkt: Lernzielkontrolle 4

| **Ü 2** | Name: _____ | Datum: _____ |

Wir üben und wiederholen!

$25 + 7 =$ ___ $63 - 4 =$ ___ $45 + 7 =$ ___

$88 + 4 =$ ___ $51 - 6 =$ ___ $84 - 6 =$ ___

$16 + 8 =$ ___ $82 - 5 =$ ___ $55 + 9 =$ ___

$37 + 7 =$ ___ $93 - 8 =$ ___ $61 - 7 =$ ___

$46 + 9 =$ ___ $26 - 9 =$ ___ $64 + 8 =$ ___

$63 +$ ___ $= 67$ $75 -$ ___ $= 71$ $67 +$ ___ $= 72$

$72 +$ ___ $= 78$ $64 -$ ___ $= 60$ $48 +$ ___ $= 55$

$65 +$ ___ $= 68$ $28 -$ ___ $= 22$ $52 -$ ___ $= 48$

$32 +$ ___ $= 39$ $38 -$ ___ $= 33$ $31 -$ ___ $= 26$

Umkehraufgaben:

$+5$ →   67 -2 →   65

___ -5 ___ $+2$

$+4$ →   75 -5 →   82

___   ___

$+3$ →   21 -4 →   91

___   ___

$+7$ →   35 -3 →   28

___   ___

$+5$ →   71 -5 →   47

___   ___

LZK 2	Name: _____	Datum: _____

① $32 + 4 =$ ___ $58 - 2 =$ ___ $63 +$ ___ $= 66$

    $86 + 3 =$ ___ $46 - 5 =$ ___ $34 +$ ___ $= 37$

    $75 + 4 =$ ___ $78 - 6 =$ ___ $48 -$ ___ $= 43$

②

$17 \xrightarrow{\;+\;} 20$ $58 \xrightarrow{\;+\;} 60$ $82 \xrightarrow{\;+\;} 90$

$43 \xrightarrow{\;-\;} 40$ $96 \xrightarrow{\;-\;} 90$ $88 \xrightarrow{\;-\;} 80$

③ Rechne über den Zehner:

    $26 + \; 6 \; =$ ___ $72 - \; 4 \; =$ ___ $23 +$ ___ $= 31$

    $49 + \; 4 \; =$ ___ $61 - \; 6 \; =$ ___ $63 -$ ___ $= 58$

    $56 + \; 7 \; =$ ___ $43 - \; 8 \; =$ ___ $75 +$ ___ $= 83$

    $85 +$ ___ $= \; 91$ $51 -$ ___ $= \; 47$ $72 -$ ___ $= 64$

④ Setze die richtigen Zeichen ein: $=$, $>$, $<$

    $53 + \; 2 \; \bigcirc \; 58$ $49 + 3 \; \bigcirc \; 51$

    $64 - \; 3 \; \bigcirc \; 61$ $72 - 6 \; \bigcirc \; 65$

⑤ Rechne:

$78 \xrightarrow{\;+4\;}$ ___ $58 \xrightarrow{\;\bigcirc\;} 62$ ___ $\xrightarrow{\;+3\;} 81$

$67 \xrightarrow{\;+5\;}$ ___ $37 \xrightarrow{\;\bigcirc\;} 45$ ___ $\xrightarrow{\;+6\;} 54$

⑥ Die Klasse 2a geht ins Schwimmbad. Von 26 Kindern sind 6 krank.

    Frage: Wie viele Kinder gehen ins Schwimmbad?

    Rechnung: _____

    Antwort: _____.

⑦ Am Christbaum hängen 28 Kugeln. Lena hängt noch 7 Kugeln dazu.

    Frage: _____?

    Rechnung: _____

    Antwort: _____.

| **Ü 3** | Name: _____ | Datum: _____ |

① Suche die Plusaufgabe und die Malaufgabe:

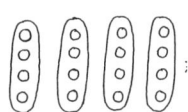　　　　　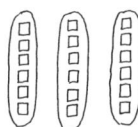

(+) _____　　　　(+) _____

(•) _____　　　　(•) _____

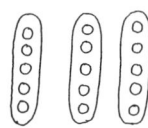　　　　　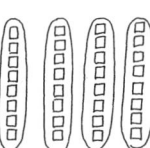

(+) _____　　　　(+) _____

(•) _____　　　　(•) _____

② Wie heißt die Malaufgabe?

12 = ___ · 4　　10 = ___ · 5　　20 = ___ · 4　　15 = ___ · 3
40 = ___ · 5　　32 = ___ · 4　　18 = ___ · 9　　40 = ___ · 10

8 · ___ = 16　　5 · ___ = 10　　3 · ___ = 6　　9 · ___ = 36
7 · ___ = 14　　5 · ___ = 25　　7 · ___ = 35　　6 · ___ = 12

③ In einem Klassenzimmer sind 5 Tische. An jedem Tisch sitzen 6 Kinder.

Frage: Wie viele Kinder sind es?

Rechnung: _____

Antwort: _____.

| **Ü 3** | Name: _____ | Datum: _____ |

④ Auf einem Spielplatz gibt es 4 Wippen. Auf jeder Wippe sitzen 8 Kinder.

Frage: _____?

Rechnung: _____

Antwort: _____.

⑤ Peter kauft ein Auto und einen Ball. Er bezahlt mit einem 50 Euro-Schein.

15 Euro   10 Euro

Frage: Wie viel Geld bekommt er zurück?

Rechnung: _____

Antwort: _____.

⑥ Lisa kauft 4 Bonbons und 2 Lollis.

2 cent   5 cent

Frage: _____?

Rechnung: _____

_____

_____

Antwort: _____.

| **LZK 3** | Name: _____ | Datum: _____ |

① Suche die Plusaufgabe und die Malaufgabe:

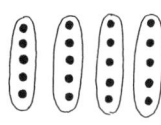 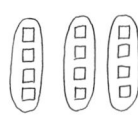

$\oplus$ _____ $\oplus$ _____

$\odot$ _____ $\odot$ _____

② Rechne:

$3 \cdot 2 =$ ___ $4 \cdot 4 =$ ___ $2 \cdot 5 =$ ___

$6 \cdot 2 =$ ___ $6 \cdot 4 =$ ___ $5 \cdot 5 =$ ___

③ Wie heißt die Malaufgabe?

$20 =$ ___ $\cdot \, 4$ $18 =$ ___ $\cdot \, 2$ $3 \cdot$ ___ $= 12$

$12 =$ ___ $\cdot \, 2$ $32 =$ ___ $\cdot \, 4$ $6 \cdot$ ___ $= 30$

$24 =$ ___ $\cdot \, 4$ $40 =$ ___ $\cdot \, 10$ $10 \cdot$ ___ $= 40$

④ Rechne:

$5 \cdot 2 + 4 =$ ___ $3 \cdot 5 + 1 =$ ___

$3 \cdot 4 + 8 =$ ___ $7 \cdot 2 + 8 =$ ___

⑤ In der Turnhalle stehen 4 Bänke. Auf jeder Bank sitzen 10 Kinder.

Frage: Wie viele Kinder sind es?

Rechnung: _____

Antwort: _____.

⑥ Im Klassenzimmer sind 6 Tische mit jeweils 4 Stühlen.

Frage: _____?

Rechnung: _____

Antwort: _____.

⑦ Petra kauft 4 Luftballons und 1 Murmel.

Frage: _____?

Rechnung: _____

Antwort: _____.

Ü 4	Name: _____	Datum: _____

① Rechne:

•	2	4	10	
2			10	
5			25	
6				

•	10	5		
3		6		
7		14	28	
8		16		

② Wie heißt die Malaufgabe?

$4 \cdot$ ____ $= 20$ ____ $\cdot\, 5 = 15$ $6 \cdot$ ____ $= 12$

$5 \cdot$ ____ $= 10$ ____ $\cdot\, 4 = 16$ ____ $\cdot\ 4 = 12$

$6 \cdot$ ____ $= 30$ ____ $\cdot\, 2 = 20$ $9 \cdot$ ____ $= 18$

$7 \cdot$ ____ $= 70$ ____ $\cdot\, 8 = 32$ ____ $\cdot\ 5 = 15$

$8 \cdot$ ____ $= 16$ ____ $\cdot\, 7 = 28$ $10 \cdot$ ____ $= 60$

$9 \cdot$ ____ $= 36$ ____ $\cdot\, 9 = 45$ ____ $\cdot\ 4 = 32$

③ Kettenaufgaben:

$18 + 4 + 3 + 5 + 2 =$ ____ $25 + 3 - 4 - 2 +$ ____ $= 26$

$45 + 3 + 4 + 6 + 5 =$ ____ $88 - 4 + 5 + 3 -$ ____ $= 89$

$32 - 4 - 3 - 5 - 2 =$ ____ $35 + 5 - 6 +$ ____ $- 2 = 33$

$78 - 4 - 3 - 6 - 3 =$ ____ $28 + 6 - 3 -$ ____ $+ 6 = 32$

$39 - 3 - 2 + 4 + 4 =$ ____ $55 + 5 - 4 +$ ____ $- 2 = 59$

$82 + 3 - 4 + 6 - 5 =$ ____ $70 + 9 - 6 -$ ____ $+ 8 = 77$

LZK 4 | Name: _____ | Datum: _____

① Rechne:

•	2	4	5
3			
7			
8			

•	4		
5		10	25
6		12	
9		18	45

② Wie heißt die Malaufgabe?

$2 \cdot \underline{\quad} = 8$ $8 \cdot \underline{\quad} = 40$ $10 \cdot \underline{\quad} = 40$

$\underline{\quad} \cdot 4 = 4$ $9 \cdot \underline{\quad} = 18$ $\underline{\quad} \cdot 8 = 80$

$3 \cdot \underline{\quad} = \underline{\quad}$ $\underline{\quad} \cdot 4 = 20$ $\underline{\quad} \cdot 4 = 36$

③ Rechne:

$63 + 6 = \underline{\quad}$ $54 - 3 = \underline{\quad}$ $63 - \underline{\quad} = 58$

$48 + 5 = \underline{\quad}$ $82 - 5 = \underline{\quad}$ $27 + \underline{\quad} = 33$

$72 + 9 = \underline{\quad}$ $34 - 7 = \underline{\quad}$ $\underline{\quad} - 5 = 49$

$89 + 7 = \underline{\quad}$ $92 - 8 = \underline{\quad}$ $\underline{\quad} + 6 = 83$

④ Kettenaufgaben:

$27 + 3 + 5 + 6 + 4 = \underline{\quad}$ $37 + 4 + 7 + \underline{\quad} = 53$

$48 - 4 - 3 - 2 - 5 = \underline{\quad}$ $43 - 2 - 5 - \underline{\quad} = 29$

$82 + 4 - 5 - 3 + 2 = \underline{\quad}$ $66 + 5 + \underline{\quad} + 7 = 80$

$17 + 5 - 4 + 5 - 4 = \underline{\quad}$ $42 - 4 + \underline{\quad} - 1 = 40$

Matheregal 7 Thema: Mal- und Geteiltaufgaben	
Divisionsbrett (Montessori)	Tablett mit Schälchen und Perlen und einer Einführungskarte zur Division
Karton: Logico-Karten zur Division	Ablagekorb mit grünem Punkt: Arbeitsblatt Ablagekorb mit grünem Punkt: Übung 5 (Geteilt- und Malaufgaben/Umkehraufgaben) Ablagekorb mit rotem Punkt: Lernzielkontrolle 5
Klammerkarten: Mal- und Geteiltaufgaben (alle notwendigen Reihen sind jetzt vertreten!)	Karton ⑬ ★: 5 Arbeitsblätter: Geteiltaufgaben (alle notwendigen Reihen sind jetzt vertreten!)
Lük	Ablagekorb mit grünem Punkt: Übung 6 zu Malaufgaben Ablagekorb mit rotem Punkt: Lernzielkontrolle 6

| **AB** | Name: _____ | Datum: _____ |

① Immer 4 Bälle kommen in einen Karton.

24 Bälle: 4 Bälle = ☐

24 : 4 = ☐

② Immer 3 Staffelhölzer kommen in einen Karton.

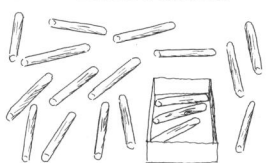

18 Hölzer: 3 Hölzer = ☐

18 : 3 = ☐

③

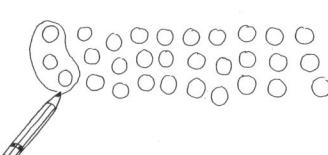

30 : 3 = ☐

④

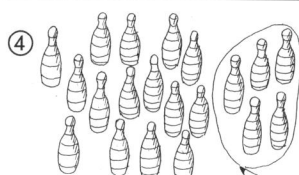

20 : 5 = ☐

⑤ 10 : 2 = ☐   15 : 5 = ☐   35 : 5 = ☐

20 : 5 = ☐   20 : 2 = ☐   40 : 10 = ☐

⑥ Umkehraufgaben

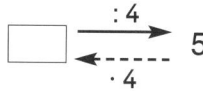

☐ $\xrightarrow{:4}$ 5 ☐ $\xrightarrow{:5}$ 7 ☐ $\xrightarrow{:2}$ 7
$\xleftarrow{\cdot 4}$ $\xleftarrow{\cdot 5}$ $\xleftarrow{\cdot 2}$

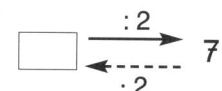

☐ $\xrightarrow{:2}$ 6 ☐ $\xrightarrow{:10}$ 6 ☐ $\xrightarrow{:4}$ 8

⑦ Tim hat 20 Holzklötze. Er baut 5er-Türme.

F.: _____?

R.: _____

A.: _____.

| Ü 5 | Name: _____ | Datum: _____ |

Umkehraufgaben

①

40 : 10 = ☐ ☐ · 10 = ☐

15 : 5 = ☐ 5 · ☐ = ☐

② Schreibe die Aufgabe und die Umkehraufgabe.

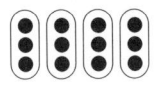  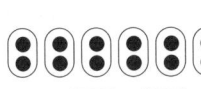 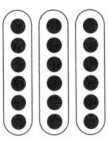

12 : 3 = ☐   ☐ : 4 = ☐   12 : ☐ = ☐   18 : 3 = ☐

☐ · 3 = 12   ☐ · 4 = 20   ☐ · ☐ = ☐   ☐ · ☐ = ☐

③ Kreise ein und rechne:

  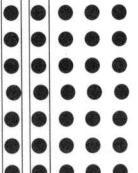

20 : 5 = ☐   24 : 3 = ☐   40 : ☐ = ☐

☐ · ☐ = ☐   ☐ · ☐ = ☐   ☐ · ☐ = ☐

| Ü 5 | Name: _____ | Datum: _____ |

Mal- und Geteiltaufgaben

④ Rechne aus:

$2 \cdot 3 = \boxed{}$ $4 \cdot 3 = \boxed{}$ $5 \cdot 3 = \boxed{}$

$2 \cdot 4 = \boxed{}$ $4 \cdot 4 = \boxed{}$ $5 \cdot 4 = \boxed{}$

$2 \cdot 5 = \boxed{}$ $4 \cdot 5 = \boxed{}$ $5 \cdot 5 = \boxed{}$

⑤ $\boxed{} \xrightarrow{\ \cdot\,5\ } 20$ $\boxed{} \xrightarrow{\ \cdot\,2\ } 16$ $\boxed{} \xrightarrow{\ \cdot\,10\ } 40$

$\boxed{} \xrightarrow{\ \cdot\,6\ } 30$ $\boxed{} \xrightarrow{\ \cdot\,3\ } 24$ $\boxed{} \xrightarrow{\ \cdot\,5\ } 40$

$\boxed{} \xrightarrow{\ :\,4\ } 7$ $\boxed{} \xrightarrow{\ :\,5\ } 2$ $\boxed{} \xrightarrow{\ :\,10\ } 3$

$\boxed{} \xrightarrow{\ :\,4\ } 4$ $\boxed{} \xrightarrow{\ :\,2\ } 5$ $\boxed{} \xrightarrow{\ :\,5\ } 9$

⑥ $5 \xrightarrow{\ \bigcirc\ } 15$ $7 \xrightarrow{\ \bigcirc\ } 14$ $6 \xrightarrow{\ \bigcirc\ } 30$

$4 \xrightarrow{\ \bigcirc\ } 32$ $9 \xrightarrow{\ \bigcirc\ } 90$ $9 \xrightarrow{\ \bigcirc\ } 36$

⑦ $20 \xrightarrow{\ \bigcirc\ } 5$ $16 \xrightarrow{\ \bigcirc\ } 4$ $28 \xrightarrow{\ \bigcirc\ } 7$

$12 \xrightarrow{\ \bigcirc\ } 6$ $35 \xrightarrow{\ \bigcirc\ } 5$ $32 \xrightarrow{\ \bigcirc\ } 8$

| **LZK 5** | Name: _____ | Datum: _____ |

① Kreise ein und schreibe die Geteiltaufgaben.

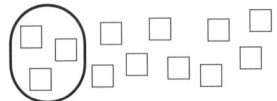 

___ : ___ = ___   ___ : ___ = ___

② Umkehraufgaben:

$10 : 2 =$ ___ $24 : 4 =$ ___ $30 : 5 =$ ___

___ $\cdot 2 =$ ___   ___ $\cdot 4 =$ ___   ___ $\cdot 5 =$ ___

③ a) $3 \xrightarrow{\cdot 4} \square$ b) $7 \xrightarrow{\cdot 4} \square$ c) $\square \xrightarrow{\cdot 5} 15$

   $2 \xrightarrow{\cdot 10} \square$ $9 \xrightarrow{\cdot 2} \square$ $\square \xrightarrow{\cdot 10} 70$

   $8 \xrightarrow{\cdot 5} \square$ $2 \xrightarrow{\cdot 10} \square$ $\square \xrightarrow{\cdot 5} 45$

④ a) $16 \xrightarrow{: 4} \square$ b) $\square \xrightarrow{: 4} 6$ c) $24 \xrightarrow{\bigcirc} 6$

   $24 \xrightarrow{: 4} \square$ $\square \xrightarrow{: 5} 7$ $45 \xrightarrow{\bigcirc} 9$

⑤ 18 Kinder stellen sich in 3 Reihen auf.

   F.: Wie viele Kinder stehen in einer Reihe?

   R.: _____

   A.: _____.

⑥ Martina kauft 4 Packungen Buntstifte. In jeder Packung sind 6 Stifte.

   F.: _____?

   R.: _____

   A.: _____.

| Ü 6 | Name: _____ | Datum: _____ |

3er-Reihe
$1 \cdot 3 = $ ___
$2 \cdot 3 = $ ___
$3 \cdot 3 = $ ___
$4 \cdot 3 = $ ___
$5 \cdot 3 = $ ___
$6 \cdot 3 = $ ___
$7 \cdot 3 = $ ___
$8 \cdot 3 = $ ___
$9 \cdot 3 = $ ___
$10 \cdot 3 = $ ___

6er-Reihe
$1 \cdot 6 = $ ___
$2 \cdot 6 = $ ___
$3 \cdot 6 = $ ___
$4 \cdot 6 = $ ___
$5 \cdot 6 = $ ___
$6 \cdot 6 = $ ___
$7 \cdot 6 = $ ___
$8 \cdot 6 = $ ___
$9 \cdot 6 = $ ___
$10 \cdot 6 = $ ___

8er-Reihe
$1 \cdot 8 = $ ___
$2 \cdot 8 = $ ___
$3 \cdot 8 = $ ___
$4 \cdot 8 = $ ___
$5 \cdot 8 = $ ___
$6 \cdot 8 = $ ___
$7 \cdot 8 = $ ___
$8 \cdot 8 = $ ___
$9 \cdot 8 = $ ___
$10 \cdot 8 = $ ___

① a) $2 \cdot 4 = $ ___   b) $4 \cdot 4 = $ ___   c) $4 \cdot 8 = $ ___   d) $3 \cdot 8 = $ ___
    $1 \cdot 8 = $ ___ $2 \cdot 8 = $ ___ $8 \cdot 4 = $ ___ $6 \cdot 4 = $ ___

② a) $2 \cdot 8 = $ ___   b) $2 \cdot 6 = $ ___   c) $5 \cdot 6 = $ ___   d) $10 \cdot 4 = $ ___
    $3 \cdot 8 = $ ___ $3 \cdot 6 = $ ___ $6 \cdot 6 = $ ___ $9 \cdot 4 = $ ___
    $4 \cdot 8 = $ ___ $4 \cdot 6 = $ ___ $7 \cdot 6 = $ ___ $8 \cdot 4 = $ ___

③

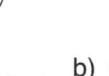
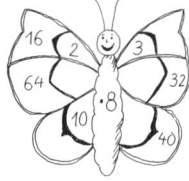
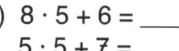
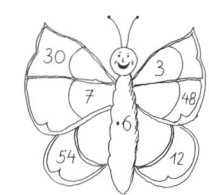

④ a) $7 \cdot 10 + 8 = $ ___   b) $8 \cdot 5 + 6 = $ ___   c) $7 \cdot 2 + $ ___ $= 20$
    $6 \cdot 10 + 4 = $ ___ $5 \cdot 5 + 7 = $ ___ $5 \cdot 4 + $ ___ $= 27$

⑤ a) $8 \cdot 2 - 4 = $ ___   b) $10 \cdot 3 - 3 = $ ___   c) $4 \cdot 4 - $ ___ $= 10$
    $6 \cdot 2 - 3 = $ ___ $9 \cdot 3 - 2 = $ ___ $8 \cdot 4 - $ ___ $= 30$
    $10 \cdot 4 - 7 = $ ___ $5 \cdot 6 - 9 = $ ___ $5 \cdot 8 - $ ___ $= 35$

⑥ Petra hat 6 Hasenställe mit je 2 Hasen. 3 Hasen schenkt sie ihren Freundinnen.

   F.: Wie viele Hasen hat sie noch?

   R.: _____

   A.: _____.

| **LZK 6** | Name: _____ | Datum: _____ |

① a) 3 · 6 = ___   b) 9 · 6 = ___   c) 8 · 3 = ___   d) 9 · 8 = ___
   2 · 3 = ___   3 · 3 = ___   7 · 8 = ___   7 · 3 = ___
   4 · 8 = ___   5 · 8 = ___   8 · 6 = ___   5 · 6 = ___

② a) 21 : 3 = ___   b) 18 : 3 = ___   c) 64 : 8 = ___   d) 48 : 8 = ___
   48 : 6 = ___   42 : 6 = ___   24 : 3 = ___   30 : 6 = ___
   30 : 3 = ___   32 : 8 = ___   36 : 6 = ___   15 : 3 = ___

③

④ a) 5 · 3 + 5 = ___   b) 2 · 8 – 4 = ___
       4 · 6 + 2 = ___   9 · 3 – 6 = ___
       8 · 6 + 5 = ___   7 · 6 – 5 = ___
       9 · 3 + ___ = 32   6 · 6 – ___ = 32
       6 · 8 + ___ = 50   8 · 3 – ___ = 15

⑤ Simon hat 5 Beutel mit je 6 Tennisbällen. Er verschenkt
   3 Tennisbälle.

   F.: _____?

   R.: _____

   A.: _____.

Matheregal 8	Addition und Subtraktion mit zweistelligen Zahlen/ Teilen mit Rest
Soma-Würfel	Knobelkiste
Karton ⑭ ★: 10 Arbeitsblätter zur Addition und Subtraktion mit zweistelligem Zehnerübergang	Ablagekorb mit grünem Punkt: Arbeitsblatt (zweistelliger Zehnerübergang, Rechenmauern) Ablagekorb mit rotem Punkt: Lernzielkontrolle 7
Klammerkarten	Ablagekorb mit grünem Punkt: Übung 8 (Teilen mit Rest) Ablagekorb mit rotem Punkt: Lernzielkontrolle 8 (alle Aufgabenarten im 100er Raum)
Goldenes Perlenmaterial (Montessori) zur Erweiterung des Zahlenraums bis 1000	

(Ein neuntes Regal mit Knobelaufgaben und Aufgaben/Material für den Zahlenraum bis 1000 kann – wenn der Bedarf in der Klasse da ist – vom Lehrer hinzugefügt werden. Hier befinden wir uns im Bereich des freien Angebotes, das im Lehrplan für diese Stufe nicht verbindlich ist.)

AB	Name: _____	Datum: _____

Denke dran:

$63 - 31 = \boxed{}$ $63 - 30 - 1 = \boxed{}$

$70 - 42 = \boxed{}$ $70 - 40 - 2 = \boxed{}$

① Hier eine geheime Botschaft von Anna:

A	B	C	D	E	F	G	H	I	J	K	L	M
30	31	32	33	34	35	36	37	38	39	40	41	42

N	O	P	Q	R	S	T	U	V	W	X	Y	Z
43	44	45	46	47	48	49	50	51	52	53	54	55

61–19   52–14   82–39   65–15   76–28

  M   ____   ____   ____   ____

44–6   87–39   60–11   52–16   30–0   69–22

____   ____   ____   ____   ____   ____

50–7   51–13   97–65   64–27   54–5   74–26   70–26

____   ____   ____   ____   ____   ____   ____

83–35   55–23   86–49   61–9   49–15   **72–25**

____   ____   ____   ____   ____   **!**

② Schließe die Mauerlücken:

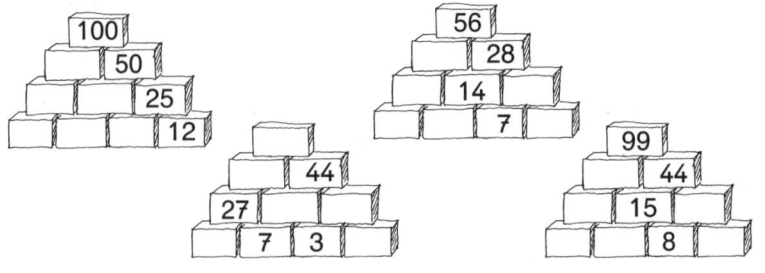

LZK 7	Name: _____	Datum: _____

① Löse die Plusaufgaben. Schreibe in den Kasten wie du rechnest:

$22 + 45 =$ ___ $63 + 27 =$ ___ $57 + 37 =$ ___

② Löse die Minusaufgaben. Schreibe in den Kasten wie du rechnest:

$84 - 43 =$ ___ $46 - 32 =$ ___ $54 - 36 =$ ___

③ Rechne:

$45 + 23 =$ ___ $55 + 27 =$ ___ $39 +$ ___ $= 50$
$73 + 26 =$ ___ $28 + 48 =$ ___ $46 +$ ___ $= 69$
$67 - 41 =$ ___ $81 - 23 =$ ___ $85 -$ ___ $= 60$

④ Rechne geschickt:

$47 + 36 + 3 =$ ___ $53 - 25 - 3 =$ ___
$28 + 48 + 22 =$ ___ $68 + 16 - 18 =$ ___

⑤ Vater ist 43 Jahre alt, Oma ist 24 Jahre älter.

Frage: Wie alt ist Oma?

Rechnung: _____

Antwort: _____.

⑥ Im Schulbus sitzen 25 Kinder. An der Schmalegger Straße steigen 15 Kinder ein. An der nächsten Haltestelle kommen noch einmal 13 Kinder dazu.

Frage: _____?

Rechnung: _____

Antwort: _____.

⑦ Sara hat 67 Murmeln. Sie verschenkt 23 Murmeln. Am nächsten Tag gewinnt sie 16 Murmeln.

Frage: _____?

Rechnung: _____

Antwort: _____.

| **Ü 8** | Name: _____ | Datum: _____ |

Teilen mit Rest

① Teile auf und schreibe die Geteiltaufgabe.

a) Immer 3

b) Immer 6

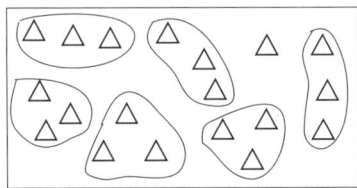

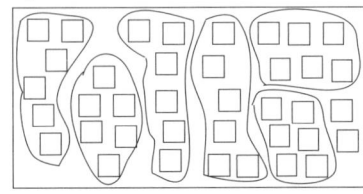

_____ : 3 = _____ Rest _____　　　　　_____ : 6 = _____ Rest _____

② Teile auf und schreibe die Geteiltaufgabe.

a) Immer 3

b) Immer 6

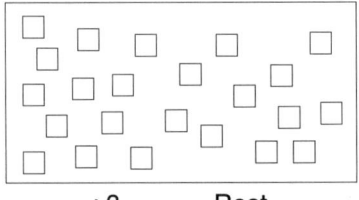

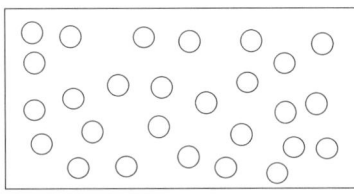

_____ : 3 = _____ Rest _____　　　　　_____ : 6 = _____ Rest _____

c) Immer 5

d) Immer 2

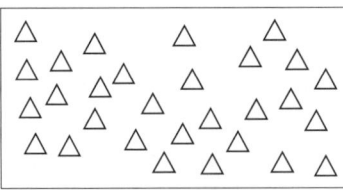

_____ : 5 = _____ Rest _____　　　　　_____ : 2 = _____ Rest _____

③

| Statt **Rest** schreiben wir **R** |

a) $13 : 6 =$ ___ R　　b) $19 : 3 =$ ___ R　　c) $28 : 3 =$ ___ R

　 $42 : 10 =$ ___ R　　　 $15 : 2 =$ ___ R　　　 $25 : 4 =$ ___ R

④ $16 : 7 =$ _____　　$21 : 5 =$ _____　　$8 : 8 =$ _____

　 $18 : 8 =$ _____　　$22 : 4 =$ _____　　$10 : 3 =$ _____

LZK 8 Name: _____ Datum: _____

① $8 \cdot 4 =$ ☐ $48 : 8 =$ ☐ $37 : 4 =$ ☐ Rest ___

   $3 \cdot 8 =$ ☐ $18 : 6 =$ ☐ $45 : 6 =$ ☐ Rest ___

   $9 \cdot 5 =$ ☐ $28 : 4 =$ ☐ $14 : 3 =$ ☐ Rest ___

   $7 \cdot 4 =$ ☐ $40 : 5 =$ ☐ $36 : 8 =$ ☐ Rest ___

② $43 + 25 =$ ☐ $67 - 26 =$ ☐ $34 + 39 =$ ☐

   $64 + 15 =$ ☐ $24 + 43 =$ ☐ $81 - 25 =$ ☐

   $46 - 34 =$ ☐ $79 - 37 =$ ☐ $44 + 38 =$ ☐

   $23 + 32 =$ ☐ $96 - 45 =$ ☐ $83 - 59 =$ ☐

③ $14 + 15 + 16 =$ ☐ $17 + 34 - 12 =$ ☐

   $26 + 27 + 28 =$ ☐ $32 + 39 + 16 =$ ☐

④ Schließe die Mauerlücken:

⑤ Anton kauft Schuhe, Gummistiefel und ein Hemd.

Frage: _____?

Rechnung: _____

Antwort: _____.

⑥ Jana kauft zwei T-Shirts und eine Hose.
Sie bezahlt mit einem 100-Euro-Schein.

Frage: _____?

Rechnung: _____

Antwort: _____.

Wo erhalte ich welche Materialien für den Aufbau der Regale?

- Ablagekörbe können Schulen vielleicht günstig über die Stadt beziehen.

- Die abgebildeten Regale gibt es für ca. 40 Euro in Baumärkten.

- Kopiervorlagen für die Kartons 1 bis 14★:
  → Vorlagen auf DIN A5 kopieren, Klarsichthülle auf einen Kartonrücken festklammern und mit den Vorlagen füllen

- Karton: Milchkartons für 10 Liter H-Milch in der Mitte einritzen, hochklappen und festklammern

- Logico: Logico-Piccolo-Geräte und Einlageblätter gibt es beim Finken-Verlag, Postfach 1546, 61405 Oberursel (e-mail: schulservice@finken.de) oder Paletti vom Spectra-Verlag, Essen

- Blitzrechnen am PC: CD-ROMs von unterschiedlichen Verlagen

- Montessori-Material: Nienhuis Montessori, Riedel GmbH, Carl-Zeiss-Str. 35, 72770 Reutlingen, Tel. 07121/515350

- Lük: mini-Lük vom Westermann Lernspielverlag GmbH, Braunschweig

- Zehner- und Hunderter-Trainer: Verlag Otto Heinevetter, Hamburg

- Klammerkarten, z. B. Verlag Sigrid Persen, Horneburg oder Twist, Mildenberger Verlag

- Einführungskarten: Orientieren Sie sich an der jeweiligen Einführungsseite zum betreffenden Thema in Ihrem Mathematikbuch, formulieren Sie den Text so, dass Schüler damit weitgehend selbstständig arbeiten können. Kleben Sie Ihren Einführungstext dann auf grünen Karton (grün wegen grüner Punkte = Pflichtaufgabe) und folieren Sie diese Einführungskarte.

- Ziffernschreibkurs, z. B. in Silvia Regelein, Mathematik 1. Schuljahr. Oldenbourg Kopiervorlagen, ISBN 978-3-486-00291-1.

Innerhalb der einzelnen Module (wie der Zahlbegriffsbildung, dem Zahlenraum bis 20, dem Zahlenraum bis 100, dem Einmaleins etc.) dieses systematischen Lehrgangs legen wir Wert auf die Dreiheit „enaktiv-ikonisch-symbolisch".

Das heißt natürlich nicht, dass diese Reihenfolge immer zwingend eingehalten werden soll, sondern dass im Sinne der Interaktion der Darstellungsformen (vergl. Müller/Wittmann, Der Mathematikunterricht in der Primarstufe, Vieweg Verlag, Seite 158) immer alle drei Formen zur Anwendung kommen.

Für die enaktive Ebene bietet es sich an, das gut stukturierte Material von Maria Montessori für alle Module einzusetzen.

Die Schüler brauchen ein Material, das sie durchgehend im Lehrgang begleitet und ihnen eine aufeinander aufbauende Ordnung vermittelt. Die Montessori-Materialien für die Regale bzw. für die einzelnen Module des arithmetischen Bereichs müssen nur einmal angeschafft werden, wenn ein Aufbau wie oben beschrieben erfolgt. Ich halte sie für unersetzbar in diesem „Regalsystem". Andere Materialien sind austauschbar, falls sie Ihnen an Ihrer Schule nicht zur Verfügung stehen. Aber achten Sie darauf, dass nicht zu viele verschiedene Dinge in den Regalen stecken, sondern Materialien oder Arbeitsmittel, die sich durch alle Regale „durchziehen". Es trägt zur Orientierung bei und das wiederkehrende Auftreten schafft Sicherheit und Vertrautheit für die Schüler. Für die „Regalarbeit" gelten **zunächst einmal** in den Mathestunden folgende Grundregeln:

- Jedes Regal wird von oben nach unten durchgearbeitet.
- Alle Materialien ohne Punkt sind freiwillig.
- Materialien, die mit einem grünen Punkt versehen sind, sind Pflicht.
- Lernzielkontrollen (LZK) haben einen roten Punkt. Eine LZK muss vom Lehrer genehmigt werden.
- Vor jeder Lernzielkontrolle liegt eine spezielle Übung mit einem grünen Punkt, die alleine bewältigt werden muss.
- Mit dieser speziellen Übung und mit der jeweils aktuellen LZK kommt der Schüler vor der Bearbeitung zur Lehrerin. Er erhält einen Einzelarbeitsplatz und wird durch einen großen Karton auf dem Tisch (zurechtgeschnitten wie eine Wahlkabine) von allem „abgeschottet". Die Anfangs- und Endzeit der Bearbeitung werden auf dem Arbeitsblatt von der Lehrerin notiert.

Parallel zu diesem Regalsystem für die arithmetischen Module hat jedes Kind ein Schülerarbeitsheft, in dem es entsprechend seines Leistungsvermögens in den Mathematikstunden arbeiten kann. Hierzu eignen sich die üblichen Schülerarbeitshefte, die zu den Lehrwerken für das „Rechentraining" angeboten werden.

Die Erstklässler führen noch das DIN-A5-Heft „Zauberzahlen" (Zauberzahlen. Ziffern schreiben mit Simsala und Bim. 2001 Oldenbourg Schulbuchverlag, ISBN 978-3-486-12219-0), um die Ziffernschreibweise einzuüben.

Alle Schüler haben ein kleines Rechenheft, in dem Rechnungen notiert werden können.

Das systematische Arbeiten an den Mathematikregalen nimmt ungefähr 2/3 der Mathematik-Unterrichtszeit ein. Die Gestaltung der übrigen Unterrichtszeit wird kurz unter der Überschrift „Immer Regalsystem Mathematik?" erläutert.

Unterrichtspraxis

Wie in Kapitel 3 (Stundenplangestaltung) beschrieben, findet der Mathematikunterricht getrennt vom Werkstattunterricht statt. Alle Erst- und Zweitklässler haben zur gleichen Zeit Mathematik (bis auf die eine „Teilerstunde" pro Woche, in der **nur** die Erstklässler bzw. **nur** die Zweitklässler da sind).

Wenn die neuen Erstklässler kommen, arbeiten die Zweitklässler während der Mathematikstunde selbstständig in dem ihnen bekannten Regalsystem.

So habe ich erst einmal fast jeden Tag eine Stunde Zeit, die Erstklässler in unseren Mathematikunterricht einzuführen.

Sie lernen in den ersten zwei Wochen feste Elemente kennen, mit und an denen sie selbstständig allein oder zu zweit, manchmal auch in der Gruppe, arbeiten können:

- Jedes Kind hat zur Bearbeitung ein Ziffernschreibheft.
- Jedes Kind hat zur Bearbeitung ein Schülerarbeitsheft.
- Jedes Kind hat ein kleines Heft zum Notieren von Aufgaben und Lösungen.
- Es gibt immer ein eingestelltes Matheprogramm an beiden PC, an denen gearbeitet werden kann.
- Es gibt Regale von 1 bis 8. Daran arbeitet man in einer bestimmten Vorgehensweise.

Neben der Vermittlung dieser Elemente lernen die Kinder in den ersten zwei Wochen verschiedene Arbeitsmittel kennen, wie z. B. Klammerkarten, Logico, Zehnertrainer usw., die durchgehend in den Mathematik-Regalen zu finden sind. Auch im Mathematikunterricht gilt: Angefangene Arbeitsblätter kommen in das Ablagefach, angefangene Arbeiten mit einem Material bleiben auf dem Arbeitsteppich bis zur nächsten Stunde liegen.

Fertige Arbeitsblätter werden erst der Lehrerin vorgelegt, bevor sie in den Hängeordner einsortiert werden.

Wir arbeiten in den ersten zwei Wochen sehr lehrerzentriert, damit bei allen die korrekte Handhabung dieser verschiedenen Hefte, Materialien und Systeme eingeübt ist.

Nun können die Erstklässler in den Mathematikstunden ebenso selbstständig arbeiten wie die Zweitklässler:
Der Weg durch das Regalsystem ist vorgezeichnet. Auch können die Schüler selbstständig in den eben genannten Heften oder an den Programmen am PC arbeiten.
Ich sitze circa zwei Wochen nach Schulstart an meinem Pult oder arbeite mit Schülern zusammen, die meine Hilfe benötigen.

Recht schnell kommen nach dieser zweiwöchigen, sehr gleichschrittigen Einweisungsphase Erstklässler auf mich zu und sagen, dass sie alles können, was in Regal 1 und 2 angeboten wird.
Diese Aussage kann ich schnell überprüfen:

- Ich überprüfe, **ob** und **wie** die Erfassung von Mengenbildern an der Tafel (Magnetplättchen) gelingt.
- Ich stelle mündliche kleine Rechenaufgaben (und frage nach dem Rechenweg).
- Ich schaue in das Schülerarbeitsheft des Kindes und lasse mir erklären, wie es die Aufgaben gerechnet hat.
- Ich lasse das Kind den Test 1 aus Regal 2 in Einzelarbeit (Karton wie eine Wahlkabine auf dem Extra-Tisch) schreiben. Dabei halte ich Anfangs- und Endzeit fest.

So erhalte ich einen Gesamteindruck. Ich kann damit eine gut gesicherte Entscheidung treffen, ob ich diesen Schüler bereits in Regal 3 weiterarbeiten lassen kann oder nicht.
Ist er in der Lage, schon recht früh zu Schuljahresbeginn erfolgreich in Regal 3 zu arbeiten, so findet in gleicher Art wieder eine Überprüfung spätestens beim Test 2 im dritten Regalboden des Regals 3 statt.
Meistens weiß ich aber bereits
- durch die Arbeit im Schülerarbeitsheft,
- durch die Kontrolle und Besprechung der fertiggestellten Arbeitsblätter aus dem Regal,
- durch die Art der Bearbeitung der Aufgaben mit grünem Punkt,
- durch kleine Tests in der Teilerstunde oder
- durch das Arbeiten mit mir in einer kleinen Gruppe,
ob dieser Schüler sich wirklich sicher in diesem Zahlenraum bewegt!

Ebenso können die so durchgeführten Lernentwicklungsbeobachtungen und Lernstandserhebungen aufzeigen, wo das Kind noch Schwierigkeiten hat, ob ich es im weiteren Vorgehen stoppen muss oder was es speziell braucht, um im Regalsystem weiter voranzugehen.

Ich möchte an dieser Stelle noch einige Unterrichtssituationen schildern. Die Beispiele sollen verdeutlichen, dass man in diesem hierarchisch geordneten System wirklich kein Kind aus den Augen verliert, auch wenn nicht alle Schüler gleichzeitig das Gleiche tun.

Dies ist, glaube ich, die häufigste Befürchtung von Lehrern.

Beispiel 1:

Janine kommt mit einem Arbeitsblatt (grüner Punkt) aus dem Regal zu mir, weil sie die dort geforderte Umkehraufgabe nicht versteht. Ich hole meine Rechenmaschine und wir lassen sie ein paar Mal vorwärts und rückwärts laufen. Jetzt hat Janine es verstanden und kann alleine weiter machen.

Beispiel 2:

Jan zeigt mir in seinem Schülerarbeitsheft die Einmaleins-Aufgaben, die er gerechnet hat.

Ich schaue kurz in meinen Unterlagen nach, ob ich Jan schon einmal überprüft habe, ob er das Einmaleins auch durchschaut hat.

Nein, habe ich nicht. Also gehe ich mit Jan zur Tafel, schreibe eine lange Plusaufgabe an die Tafel und frage Jan, ob er die passende Einmaleins-Aufgabe darunterschreiben kann. Jan überlegt.

Während er überlegt, kümmere ich mich übrigens um Jessica, die einen bestimmten Aufgabentyp in ihrem Heft nicht verstanden hat. Ich erkläre es ihr oder schicke sie zu einem Schüler, von dem ich weiß, dass er es kann.

Zurück zu Jan:

Er ist alleine auf die verkürzte Schreibweise zur Addition gekommen und hat sie an die Tafel unter meine Additionsaufgabe geschrieben. Er kann es mir auch erklären. Also hat er das Prinzip erfasst.

Ich schaue nach, ob er bereits die Lernzielkontrolle 2 (Regal 6 ganz oben) erledigt hat.

Ist das der Fall, darf er sich nun im Regal 6 den Einmaleins-Pass nehmen und die Regalböden 2 und 3 im Regal 6 bearbeiten.

Hätte er mir die geforderte Malaufgabe an der Tafel nicht sagen können, hätte ich es ihm erklärt. Wir hätten aus dem zweiten Regalboden das Einmaleins-Brett geholt und damit gearbeitet.

Wenn er es dann verstanden hätte (auch hier vorausgesetzt, dass die zweite Lernzielkontrolle bereits erfolgreich erledigt ist), dürfte er dann im Regal 6 weiterarbeiten.

Beispiel 3

Ich sitze am Pult und beobachte meine Schüler:

Paul sitzt schon wieder am PC.

Ich schaue in meinem Buch nach, ob er schon die dritte Mathearbeit geschrieben hat, die ungefähr zu diesem Zeitpunkt erledigt sein sollte.

Zwei Möglichkeiten:

Er hat sie bereits geschrieben mit einem guten Ergebnis. Konsequenz: Ich lasse ihn weiter am PC arbeiten.

Er hat die dritte Arbeit noch nicht geschrieben. Konsequenz: Ich gehe zu Paul, frage, wo er im Regal steht, schaue mit ihm, was noch zu tun ist und zeige ihm seinen Weg für die nächsten zwei bis drei Mathematikstunden. Der PC ist für ihn gesperrt.

Sie erkennen an diesen Beispielen, dass Ihnen eigentlich kein Kind „verloren" gehen kann.

Das liegt erstens daran, dass die Regale so aufeinander aufbauen, dass die Schüler genau an der Stelle zu Ihnen kommen, an der sie Ihre Hilfe brauchen. Brauchen sie keine Hilfe (und davon haben wir auch einige Schüler in der Mathematik), laufen sie sozusagen „von selbst" durch das System und Sie erhalten wertvolle Zeit für die Kinder, die Sie wirklich benötigen! (Ich trainiere z. B. nach den Sommerferien in jeder Regalsystemstunde 10 Minuten lang die simultane Anzahlerfassung bei Punktemustern mit den Kindern, die es brauchen.)

Zweitens erkennen Sie an den Beispielen, dass Sie sich über die Lernentwicklung jedes Kindes Notizen machen müssen und dadurch dann schnell wissen, wo das jeweilige Kind wirklich steht.

Ich führe ein Buch, in dem ich folgende Dinge notiere:

Am Ende einer Schulwoche wird das Schülerarbeitsheft eingesammelt und notiert, auf welcher Seite die Kinder sind und welche Aufgabentypen sie durchgeführt haben. Dabei mache ich für mich eine Liste, bei wem ich was überprüfen muss, ob es auch wirklich verstanden wurde.

Für mich gibt es im Schuljahr feste Zeitpunkte für bestimmte Inhalte der Mathematik, die „das Durchschnittskind" bis dahin erreicht haben müsste. Dafür muss ich sorgen, bzw. ich muss einen Rückstand erkennen, diagnostizieren und entsprechend handeln. Ich habe mir im Laufe der Zeit einen Zeitplan erarbeitet, wann ungefähr im Verlauf der zwei Schuljahre welcher Test (Klasse 1) bzw. welche LZK/rote Schranke (Klasse 2) bewältigt sein müsste (z. B.: LZK 1 bis zu den Herbstferien, LZK 2 im November usw.)

Ich notiere dann in bestimmten Zeitabständen, wo sich ein Kind gerade befindet (Arbeitsblätter mit grünen Punkten und Tests/LZK). So erkenne ich schnell, wen ich evtl. antreiben muss (Bummler), damit er zur nächsten LZK kommt.

Merke ich, dass ein Kind wenig vorankommt, obwohl es guten Willen und Fleiß zeigt, suche ich sehr früh das Gespräch mit den Eltern und bespreche Fördermöglichkeiten in der Schule und zu Hause. Das heißt, dieses Kind muss nicht in der eigentlich anstehenden Lernzielkontrolle die Note 5 schreiben. Ganz wichtig bei dieser Vorgehensweise ist der permanente Austausch mit den Eltern. Es muss besprochen werden, in welchem Tempo und mit welchen Begleitmaßnahmen (evtl. sogar personell) dieses Kind die Mathematik erarbeitet.

14-tägig (wenn man am Anfang noch unsicher ist, kann man das auch wöchentlich z. B. in der Teilerstunde tun) führe ich **kleine** Tests durch, die den „Ist-Stand" des einzelnen Kindes erfassen. Das heißt, sie dienen ausschließlich zur genaueren Feststellung des Förderansatzes!
Ich notiere den Fortschritt im Einmaleins-Pass.

Diese Notationen führen neben meinen Unterrichtsbeobachtungen zu einem guten Überblick.
Probieren Sie es aus!

Die Jahrgangsmischung ist dabei noch besonders hilfreich, denn die Hälfte meiner Klasse habe ich sowieso schon gut im Blick! Nur die Hälfte der Schüler ist neu und das Kennenlernen des individuellen Leistungsstandes ist so wesentlich leichter.
Eine Vorbereitung des Unterrichts, so wie wir sie bisher kennen, ist hier nicht notwendig, denn das System steht für alle (auch für die Lehrerin) griffbereit da.

Meine Aufgabe ist es, die von den Schülern bearbeiteten Arbeitsblätter/Aufgaben mit nach Hause zu nehmen (wenn ich sie nicht schon während des Unterrichts angeschaut und mit dem Schüler besprochen habe). Ich schaue alles genau an und notiere mir, mit wem ich was am nächsten Tag noch einmal besprechen muss. Wenn alles in Ordnung ist, wandert das Blatt am nächsten Tag in den Hängeordner des Kindes.

Dieses Regalsystem bietet dem Schüler im jahrgangsübergreifenden Unterricht die Möglichkeit, sich dort einzuklinken, wo er wirklich steht. Es entspricht so dem individuellen Leistungsvermögen des Kindes.
Es ist durchaus möglich, dass ein Erstklässler sehr schnell bei den Zweitklässlern ankommt und mit ihnen gemeinsam den Zahlenraum bis 100 durchdringt. Ebenso kann ein Schüler in diesem System „organisatorisch" sehr unproblematisch dort verweilen, wo er es braucht. Dies erfordert natürlich einen engen Kontakt und Informationsaustausch mit den Eltern.

Bei diesem Regalsystem in jahrgangsübergreifenden Klassen ist der Austausch zwischen den Lerngruppen 1 und 2 nicht systematisch organisiert. Hier findet ein zufälliger (z. B. ein G1-Kind wird neugierig und schaut zu, wenn ein G2-Kind eine Hunderterkette legt) und zwangloser Austausch und Lernzuwachs statt. Dieser ergibt sich durch die Organisationsform in einem Klassenraum. Man sollte diesen „ungeplanten" Austausch und das Lernen voneinander dabei nicht unterschätzen! „Kleine" lernen in vielen Bereichen von „Großen" ganz nebenbei.

Immer Regalsystem Mathematik?

Sie haben gemerkt: Ich spreche immer von 2/3 des Mathematikunterrichts. Ob die Arbeit mit dem Regalsystem nun wirklich genau 2/3 oder 3/4 der Zeit in Anspruch nimmt, vermag ich gar nicht exakt zu sagen. In einer Woche ist es vielleicht mal mehr, in einer anderen weniger.

Sie müssen entscheiden, wie viel Zeit Ihres Mathematikunterrichts Sie für dieses System zur Verfügung stellen wollen und können.

Was passiert nun in der anderen Zeit?

Neben dem ungeplanten Austausch zwischen den Jahrgängen während der Arbeit an den Regalen gibt es in der Woche ebenso Zeiten, in denen das gemeinsame Arbeiten, bzw. der Austausch zwischen den Lerngruppen bewusst initiiert und organisiert wird.

Dies kann, je nach Thema und Inhalt, die ganze Mathematikstunde in Anspruch nehmen oder auch nur ein Zeitfenster von 20 Minuten sein. In letzterem Fall wird für den Rest der Stunde wieder im Regalsystem weitergearbeitet.

Hier eignen sich besonders für heterogene Gruppen an leitenden Ideen orientierte analoge Aufgaben wie z. B. das Finden von Regeln in Zahlenfolgen, Verdoppeln/Halbieren, Nachbaraufgaben sowie Formate wie Zauberdreiecke, Rechenmauern usw., die in unterschiedlichen Zahlenräumen benutzt werden können, um Beziehungen, Zusammenhänge und Analogien zu thematisieren.

Dabei werden die Erkenntnisse der Kinder gemeinsam reflektiert.

Rechen- und Lösungswege werden verbalisiert, vorgestellt und von den Schülern begründet (Rechenkonferenzen).

Die Kinder erforschen, entdecken und erklären die Strategien; sie kommunizieren ihre Strategiefindung. Hier spielt der Zahlenraum eine untergeordnete Rolle. In diesen Stunden initiiere, steuere und fördere ich also bewusst die allgemeinen mathematischen Kompetenzen wie Kommunizieren, Argumentieren und Reflektieren.

Im Regalsystem sind diese Ziele nicht ausdrücklich thematisiert, finden sicher aber auch im „stillen" Austausch in der Partnerarbeit ihre Entsprechung!

Auch das Bearbeiten einer Einheit mit der ganzen jü-Klasse über einen längeren Zeitraum von z. B. einer Woche ist sinnvoll und möglich.

Dann ruht in dieser Zeit das Regalsystem und wird anschließend vielleicht wieder umso intensiver eingesetzt.

Für die längeren Zeiträume bieten sich zur gemeinsamen, jahrgangsübergreifenden Bearbeitung die Bereiche Größen (Geld, Längen und Zeit), Geometrie (Raum und Ebene) und Sachsituationen an.

Eine spezielle Vertiefung, die die Zweitklässler in diesen Bereichen brauchen (z. B. bei den Uhrzeiten), kann dann in der Teilerstunde der Zweitklässler erfolgen.

So wird deutlich: Das Regalsystem ist ein Teil des Mathematikunterrichts. Für die anderen genannten „Bereiche" finden Sie konkrete und vielfältige Vorschläge in der gängigen Fachliteratur.

• Der Schriftspracherwerb

Fragt man die Kinder am ersten Schultag, was sie von der Schule erwarten, werden wohl die meisten sagen: Ich will schreiben, lesen, rechnen lernen. Die Motivation ist da! Aber wie unterschiedlich sind die Vorerfahrungen der Kinder in Bezug auf die Schriftsprache! Für manche Kinder sind Buchstaben noch völlig fremde, geheimnisvolle Zeichen, andere haben diese Buchstaben schon abgemalt, etwa bei ihrem Namen, und wieder andere wissen, dass bestimmte Buchstaben bestimmte Laute wiedergeben und experimentieren damit. Und immer öfter kommen in unsere ersten Klassen auch kompetente Leser und Schreiber. (Ich erinnere mich an einen Schulanfänger, dem die Erzieher im Kindergarten das Buch zum Vorlesen für die anderen Kinder um 180° gedreht vorlegten, um ihn durch die zusätzliche Anforderung des „Lesens auf dem Kopf" zu motivieren.)

Sie wissen, was Sie also in einer ersten Klasse im Deutschunterricht an Heterogenität erwarten kann. Und jetzt kommen in der jü-Klasse noch die Zweitklässler dazu, die sich das Prinzip unserer Schriftsprache im Wesentlichen schon angeeignet haben. Wir sind uns einig: Mit einem Buchstabenlehrgang rein synthetisierender Art können Sie alle diese Kinder nicht „unter einen Hut" bringen. Sie bräuchten viel zu viel Zeit für lehrerzentrierte Unterrichtsphasen mit Ihren Anfängern, Zeit, in der Sie die fortgeschrittenen Schüler (zugegebenermaßen) mit relativ anspruchslosen mechanischen Arbeiten wie Abschreiben beschäftigen müssten, bis auch Ihre Erstklässler nach fast einem Schuljahr alle Buchstaben erarbeitet hätten.

Der Schriftspracherwerb in der jahrgangsübergreifenden Klasse kann nach unserer Meinung nur nach dem entwicklungsorientierten Prinzip erfolgen.

Die Entwicklung der Schriftsprache vollzieht sich analog der Entwicklung der gesprochenen Sprache als kognitiver Entwicklungsprozess, nicht additiv, sondern sich ausdifferenzierend. Entscheidend ist hierbei, dass sich das Kind an eigenen „Verschriftungsversuchen" das Prinzip unserer Schriftsprache, nämlich den Zusammenhang zwischen Laut und Buchstabe (Phonem-Graphem-Korrespondenz) weitgehend selbstständig erarbeitet. Dies geschieht schrittweise über anfänglich rudimentäre Wortbilder, bis zuletzt Wortbilder entstehen, die die Lautgestalt eines Wortes wiedergeben, aber oft noch nicht unseren Rechtschreibübereinkünften entsprechen. Auf dieser Basisfähigkeit können Rechtschreibstrategien aufgebaut werden.

Bei den Eltern, die selbst meist einen eng geführten Buchstabenlehrgang erlebt haben, herrscht oft die Meinung, dass „die Kinder schreiben dürfen wie sie wollen". Meist gelangen die Eltern zu einer anderen Einsicht, wenn man sie an den Spracherwerb ihres Kindes erinnert. Mit Zuversicht betrachteten die Eltern die Sprachentwicklung und motivierten das Kind, indem sie seine Aussagen verstanden und darauf reagierten. In der Antwort gaben die Eltern das richtige „Wort-Vorbild" und ließen dem Kind Zeit, von der Kindersprache zur Erwachsenensprache zu gelangen. Wenn sich die Eltern dessen bewusst werden, sehen sie, dass die Kinder auf dem Weg von der Kinderschreibung zur Erwachsenenschreibung „schreiben dürfen wie sie können."

Entwicklungsorientierter Schriftspracherwerb in der Schule gelingt, wenn der Lehrer

den Entwicklungsverlauf des Schriftspracherwerbs kennt,

Vertrauen in die Fähigkeit des Kindes hat, das Prinzip unserer Schrift selbstständig zu erfassen,

das Kind motiviert, indem er seine Schreibungen versteht (was wirklich nicht immer leicht ist)

und ihm durch die unbewertete Gegenüberstellung mit der Erwachsenenschreibung ein Modell gibt, an dem es sich orientieren kann.

Dabei braucht er keine Sorge zu haben, dass sich die „Fehler", die das Kind macht, manifestieren könnten. Die Wortbildtheorie gehört der Vergangenheit an; Fehler beim Erwerb der Schriftsprache setzen sich nicht fest. Einen wichtigen Unterschied gegenüber dem Erwerb der „Sprechsprache" gibt es aber: Dieser vollzieht sich im Alltag nebenbei und zwangsläufig, er bedarf keiner besonderen Planung. Der Erwerb der Schriftsprache braucht geplante Übungsmöglichkeiten, d. h. viele Anregungen zum Schreiben und Lesen.

Bei der Bewertung der Leistungen der Kinder und bei der Entscheidung über die Notwendigkeit einer systematischen Unterstützung für leistungsschwächere oder entwicklungsverzögerte Kinder helfen dem Lehrer die wissenschaftlich bestätigten Entwicklungsmodelle. Sie zeigen die verschiedenen Stufen des Schriftspracherwerbs, die von allen Kindern durchlaufen werden. Individuelle Unterschiede gibt es bei der Geschwindigkeit, möglich sind auch größere Sprünge oder das längere Verweilen auf einer Stufe („Lernplateau").

Entwicklungsmodell für das Schreiben

(auf der Grundlage von: Helbig, P., Kirschhock, E.-M., Martschinke, S., Kummer, U., Schriftspracherwerb im entwicklungsorientierten Unterricht, Verlag J. Klinkhardt, Bad Heilbrunn/Obb. 2005)

	Bezeichnung	Kategorienbeschreibung	Beispiele
0	Logographe-mische Strategie	Gelegentliches Notieren beliebiger Buchstaben (oder auch „Zeichen") für einen oder mehrere Laute bzw. Silben	
1	Beginnende alphabetische Strategie	Beginnende Einsicht in den Laut-Buchstabenbezug Schreiben des Anlautes oder eines prägnanten Lautes	N (= Nuss) A (= Eis) M (= Kamm)
2	Zunehmend entfaltete alphabetische Strategie	Zunehmende Bewusstheit für Phoneme und ihre Umsetzung in Grapheme „Skelettschreibungen" (= jede Silbe wird durch einen Buchstaben, oft durch einen Konsonanten, wiedergegeben) Darstellung *fast* aller Laute, einschließlich Vokale (einige wenige Laute werden nicht wiedergegeben) Vereinzelt noch falsche Reihenfolge der Laute, Rechts- Links-Orientierung und spiegelverkehrte Buchstaben (nicht relevant bei der Eingabe am PC)	KS (= Kreis) VL (= Vogel) SCHPN (= Spinne) MSCHL (= Muschel) VOKE (= Vogel) LGV (= Vogel) Aꟻ˩ (=Apfel)

Bezeichnung		Kategorienbeschreibung	Beispiele
3	Voll entfaltete alphabetische Strategie	Genaue phonetische Schreibungen der eigenen Artikulation	FOIA (= Feuer) TUAM (= Turm) VAANÄ (= Fahne)
		Verschriftung aller gehörten Laute, aber auch konventionell nicht notierter „Zwischenlaute" und Aspirationen	TSWEAK (= Zwerg)
		Übergeneralisierung des lautorientierten Verschriftens	
		Teilweise Übergeneralisierung erkannter Rechtschreibphänomene	VATTA (= Vater) KREUTZ (= Kreuz) COAP (= Korb)
4	Beginnende orthografische Strategie	Sensibilität für phonologische Regelhaftigkeiten bei vorwiegend noch lauttreuer Verschriftung	SCHLÜSEL (= Schlüssel)
		Verwenden von Wortbausteinen -er, -el, -en (Anwendung einer „Pilotsprache")	HEUSER (= Häuser)
		Verwenden phonologischer Regelhaftigkeiten, z. B. St, Sch, Sp, ch, ei, eu, vokalisiertes r	STEMPEL
		Verwenden erster orthografischer Regeln, z. B. Kennzeichnen von Dehnung (jedoch nicht unbedingt richtig)	SPINE (= Spinne) ZWERK (= Zwerg) FAANE (= Fahne)
5	Teilweise entfaltete orthografische Strategie	Erste Regeleinsichten, die bewusst angewandt werden können	Wörter mit ein oder zwei rechtschriftlichen Schwierigkeiten werden richtig geschrieben:
		Erkennen/Unterscheiden von Kurzvokalen	
		Orthografisches Regelwissen auf phonetischer Ebene (Kennzeichnung von Dehnung und Schärfung ...)	FLIEGE HÄUSER GLÄSER BURG BÄLLE HAMMER
		Orthografisches Regelwissen auf morphematischer Ebene (Auslautverhärtung, Umlaut, ...)	KORB

Wenn Sie, was wir Ihnen also dringend empfehlen, den Anfangsunterricht schreiborientiert gestalten, werden Sie zudem von den mühsamen Syntheseübungen für das Lesenlernen entlastet. „Schreiben ist die Synthese schlechthin" (Werfel), deshalb wird sich jedem Kind nach und nach die Lesefähigkeit quasi „von selbst" erschließen. Ab dann bekommt das Kind Leseaufgaben, um seine Lesefertigkeit zu schulen und zu erweitern. Waren es bis dahin die „Großen", die den „Kleinen" vorlasen (und dabei ihre eigene Lesefertigkeit üben konnten), so sind es nun die „Kleinen", die den „Großen" vorlesen dürfen. In wenigen Minuten können viele Kinder einem Zuhörer vorlesen. Da dieser noch näher an der Mühsal des Lesenlernens dran ist, wird er mit Lob und Anerkennung in der Regel nicht sparen.

Leistungsfeststellung im Schreiben und Lesen

Schreiben

Durch die vielen Schreibaufträge hält die Lehrerin fast jeden Tag eine „Lernzielkontrolle Schreiben" in der Hand. Eine rasche Einordnung ist möglich. Soll jedoch genauer festgestellt werden, welches die dominante Strategie ist, mit der das einzelne Kind an das „Verschriften" herangeht, ist es sinnvoll, allen Kindern die gleiche Aufgabe zu stellen und diese dann qualitativ auszuwerten.

Dies kann eine Auswahl von Bildern sein, die alle Kinder verschriften. Nach unserer Erfahrung müssen diese Wörter nicht lautgetreu sein; vielmehr erhalten Sie ein wesentlich differenzierteres Bild der individuellen Verschriftungsfähigkeit, wenn Sie Wörter wählen, die auch phonologische oder orthografische Regelhaftigkeiten beinhalten, z. B. Turm, Eis, Leiter, Messer, Vater, Hahn. Für die Schreibanfänger ist dies keine Überforderung, sie wagen sich an alle Wörter mit der gleichen Zuversicht heran, weil sie noch nicht wissen, welche Wörter „schwierig" sind.

Solche unterschiedlichen Schreibergebnisse könnten Ihre unterschiedlichen Kinder zum Beispiel liefern:

Wort	Beginnende alphabetische Strategie	Sich ausweitende alphabetische Strategie	Rein phonetische Verschriftung	Einsatz phonologischer Regelhaftigkeiten	Einsatz orthografischer Regelhaftigkeiten
LEITER	L	LT	LAITA	LEITER	
SCHIFF	SCH	SCHF	SCHÜF	SCHIF	SCHIFF
HÄUSER	S	HSA	HOISA	HEUSER	HÄUSER

Lesen

Bei der Bewertung der Lesefähigkeit wäre es schön, wenn Sie sich für jedes Kind einige Minuten Zeit nehmen könnten, um dem Kind beim Erlesen zuzuhören und sich entsprechende Notizen zu machen. So erfahren Sie, ob das Kind auf dem indirekten Weg über ein Decodieren der Grapheme zu einem Phonem kommt, das es dann mit seinem „inneren Lexikon" abgleichen muss oder ob es schon auf dem direkten Weg im Gedächtnis verankerte Wörter (zusätzlich durch die Sinnerwartung gesteuert) rasch wiedererkennen kann. Auf schriftlichem Weg lassen sich Aufgaben stellen, bei denen richtige Lösungen die Sinnentnahme erkennbar machen.

Für einige Fibeln sind Computer-Programme auf dem Markt, die entsprechende Aufgaben zum Schreiben und Lesen stellen, die Auswertung übernehmen und in Diagrammen den Lernfortschritt des einzelnen Kindes und der gesamten Klasse dokumentieren.[14]

Unterrichtspraxis

Die Arbeit zu Beginn des Schuljahres

Die meisten Kinder müssen zu Beginn des ersten Schuljahres grundlegende Fähigkeiten erwerben, mit dem Handwerkszeug vertraut gemacht werden und eine Strategie für ihre Entdeckerarbeit vermittelt bekommen.

Die grundlegende Fähigkeit ist die phonologische Bewusstheit, d. h. die Fähigkeit, Sprache als Objekt zu betrachten, unabhängig von ihrem Inhalt. „Schokolade" darf dann nicht mehr nur die süße braune Nascherei sein, von der man immer zu wenig bekommt, sondern auch ein Wort, bei dem man viermal klatschen kann, das genauso anfängt wie Schule und das ein Reimwort zu Marmelade ist.

Phonologische Bewusstheit im weiteren Sinne umfasst Reimwörter, Silbentrennen, Minimalpaare. Phonologische Bewusstheit im engeren Sinn ist das Heraushören der kompletten Lautkette. Das „Handwerkszeug" ist die Anlauttabelle, mit deren Hilfe das Kind das Grundprinzip unserer Schrift selbstentdeckend erfassen soll (für jeden Laut gibt es in etwa einen adäquaten Buchstaben). Die Kinder müssen die Bildernamen der Anlauttabelle sicher beherrschen, sich auf der Anlauttabelle rasch orientieren können und die Verbindung Anlaut-Begriff (M wie Maus) automatisieren.

Beim Verschriften muss das Kind ein Wort bewusst abhören, es strukturieren, um nach und nach die Lautkette möglichst vollständig zu erfassen und die gehörten Laute mit adäquaten Buchstaben zu Papier zu bringen. Das nennt

14) CD Lernstandsdiagnose Start frei, Mimi-Fibel und Leseschule, Oldenbourg Schulbuchverlag, München 2007

man die Schreibstrategie. Sie wird mit den Kindern besprochen und mit den Schulanfängern beispielhaft jeden Tag an einigen Beispielen gemeinsam durchgeführt.

Schreiben und Lesen auf verschiedenen Entwicklungsstufen

Da der Erwerb der Schriftsprache ein Entwicklungsverlauf ist, können wir die Kinder trotz ihres verschiedenen Kenntnisstandes an einem gemeinsamen Thema arbeiten lassen. Für jedes Kind sind dabei Aufgaben möglich, mit denen es auf der von ihm erreichten Stufe üben und diese weiter vervollkommnen kann.

Die Aufträge zum selbstständigen Schreiben können so gefasst werden, dass sie von allen Kindern je nach erreichter Kompetenz zu bearbeiten sind (von beschrifteten Bildern über die Sammlung von Wörtern, von kurzen Sätzen bis zu kleinen Textganzen).

Nachdem wir z.B. gemeinsam das Buch von Elmar, dem bunten Elefanten (McKee, David, Elmar. Thienemanns Verlag, Stuttgart-Wien 2000) gelesen, dazu gebastelt und den Inhalt nachgespielt haben, sollten sich die Kinder überlegen, welche Vorbereitungen für das Fest am alljährlich wiederkehrenden Elmars-Tag von den Elefanten getroffen werden müssen. Erst- und Zweitklässler haben gemäß ihrem Vermögen diese Aufgabe gelöst.

Beispiele (Vorbereitungen für den Elmars-Tag)

> Vorbereitungen für den Elmars-Tag
> Die Elefanten organisieren das mit
> den Kindern, dem Essen und der
> Farbe. Sie besprechen: wer die
> Musik mit bringt und was
> für Spiele gespielt werden. Und
> welche Elefanten die Deko basteln.
> Du hast an alle wichtigen Dinge gedacht.

In der Literatur sind zu allen Themen Lesetexte auf verschiedenem Niveau (und häufig auch dazugehörige Aufgaben zur Steigerung der Lesefähigkeit oder -fertigkeit) zu finden, sodass für jedes Kind der Klasse Leseübung und Lesefreude möglich sein werden.

Rechtschreiben und Sprachbetrachung in der jü-Klasse

Für den Erwerb der alphabetischen Strategie sind Zeit und Übungsmöglichkeiten für eigenes Schreiben in den meisten Fällen ausreichend. Auf der orthografischen Stufe können Sie auf systematische, lehrergeleitete Unterweisungen und Übungen nicht verzichten. Diese mögen didaktisch durchdacht und strukturiert aufgebaut sein, der Erfolg ist dennoch nicht planbar und berechenbar. Die Rechtschreibleistung fällt beim einzelnen Kind von einer Situation (zu Hause) zur anderen (Schule) und von einer Aufgabe (eigener Text) zur anderen (Diktat) unterschiedlich aus.

Auch die nachfolgende Erfahrung haben Sie sicher schon gemacht: Eine Regel wurde erarbeitet, bei den Kindern zeigt sich kurzfristig ein Lernerfolg, aber bei den folgenden Schreibarbeiten wenden die Kinder nur in seltenen Fällen die Regel selbstständig an. Der Lernerfolg scheint von enttäuschend kurzer Dauer. Die Konsequenz?

Rechtschreibphänomene – und ebenso die Lerninhalte der Sprachbetrachtung müssen im Klassenverband immer wieder aufgegriffen und thematisiert werden. Nützen Sie auch hier die Jahrgangsmischung und erklären Sie diese Rechtschreibhinweise nicht zum „Geheimwissen" für die fortgeschrittenen Schüler. Lassen Sie zwanglos alle Kinder daran teilhaben, bei manchem Schreibanfänger geht die Saat später vielleicht auf. (V. Wigotsky spricht von „produktiver Überforderung", wenn eine Fähigkeit, eine Kenntnis in der „Zone der nächsten Entwicklung" liegt.)

In den Werkstätten können Sie anschließend verschiedene Aufgaben unterbringen, an denen vor allem Ihre Großen die besprochenen Regeln anwenden, üben und Sammelaufgaben dazu durchführen können.

Vorschläge für die Rechtschreibarbeit

Wir haben Einheiten entwickelt, in denen wesentliche Rechtschreibregeln an geeignetem Wortmaterial geübt werden und die an verschiedene Unterrichtsthemen angebunden sind.

Entscheidend ist, dass bei allen Einheiten von den Kindern die gleichen Übungsformen erwartet werden, d. h. sie können relativ selbstständig üben. Es ergibt sich eine quantitative Differenzierung aus dem unterschiedlichen Arbeitstempo und eine qualitative, weil die Kinder sich selbst einschätzen und demnach einfachere oder schwierigere Aufgaben wählen.

Alle Kinder haben in der Umschlagseite ihres Rechtschreibheftes folgende Liste:

So üben wir unsere Lernwörter

1. Partnerdiktat mit Flüstertüte

2. Laufdiktat

3. Lupenwörter oder -sätze schreiben

4. Silben trennen
   Schu-le, ge-hen

5. Wörter nach dem ABC ordnen

6. Namenwörter in Einzahl und Mehrzahl schreiben
   eine Schule – viele Schulen

7. Tunwörter in der Ich- und Er-Form schreiben
   ich gehe – er geht

8. Wiewörter zwischen Begleiter und Namenwort setzen
   klein, die kleine Schwester

9. Das Lernwort in einem Satz verwenden
   fällt – Der Regen fällt.

10. Im Wörterbuch noch andere Wörter zur neuen Rechtschreibregel suchen.

Die für eine Einheit erstellten Materialien sind immer gleich. Am Beispiel der Einheit „Der Herbst" (Rechtschreibfall: Aus a wird oft ä) werden sie hier gezeigt.

1. Aufstellung der Lernwörter (in Hohlschrift, die Kinder markieren die Aufpass-Stelle und kleben die Vorlage ins Heft ein)
2. Vorlage für Laufdiktat (Text in gut gegliederter Darstellung)
3. Vorlage für Partnerdiktat (Text mit Einteilung in Sinnschritte) und „Flüstertüte" – *Klopapierrolle mit farbigem Papier überziehen.*
4. Lupenstreifen (enthält verwandte Wörter zu den Lernwörtern und die Wörter im Zusammenhang) und Lupenvorlage – *auf starkes Papier kopieren und laminieren.* (Siehe Kopiervorlage S. 111 und 112).

Die weiteren Übungen wählen die Kinder aus der Liste im Umschlag ihres Rechtschreibheftes (DIN A4) aus.

Material 1

Material 2

Der Herbst
fängt an.
Am Tag
scheint die Sonne warm,
aber die Nächte
werden kälter.
Die Blätter
fallen ins Gras.
Am Ast hängen
rote und gelbe Äpfel.
Mmm, das gute Obst!

Material 3

1 Der Herbst I fängt an. I
2 Am Tag I scheint die Sonne warm, I
3 aber die Nächte I werden kälter.I
4 Die Blätter I fallen ins Gras. I
5 Am Ast hängen I rote und gelbe Äpfel. I
6 Mmm, das gute Obst!

Material 4

①	②	③
der Herbst	die Nacht	das Gras
fangen	die Nächte	die Gräser
ich fange	kalt	der Ast
es fängt an	kälter	die Äste
der Tag	das Blatt	der Apfel
die Tage	die Blätter	die Äpfel
scheinen	fallen	gelb
sie scheint	ich falle	ein gelber Apfel
die Sonne	du fällst	ein roter Apfel
warm	er fällt	das Obst
wärmer	rot	gutes Obst

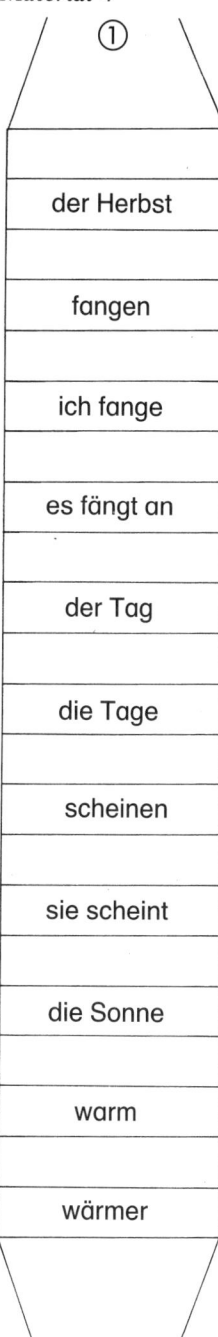

Lupe

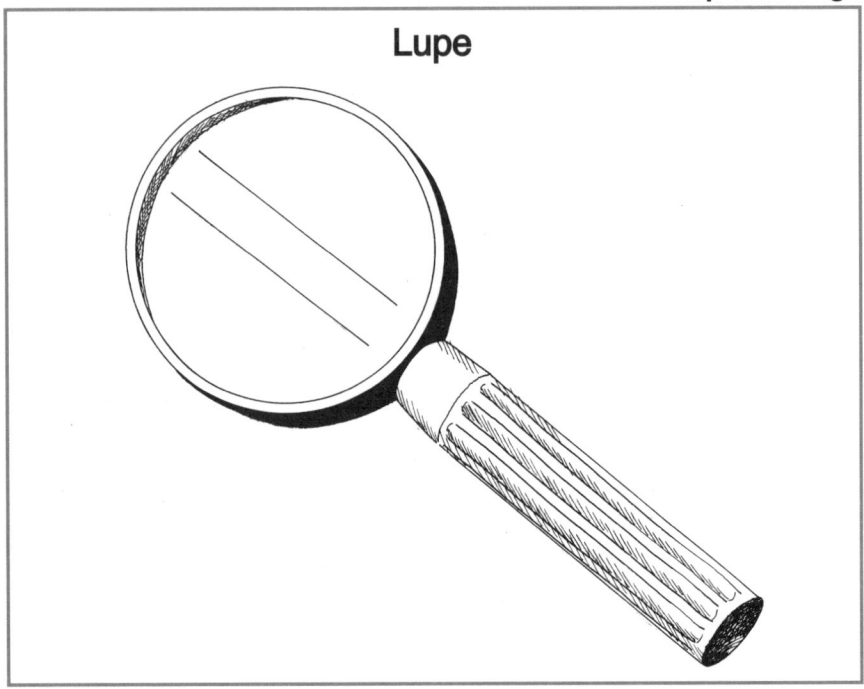

Produktiver Umgang mit Fehlern

Fehler im Schriftspracherwerb sind „notwendige Zwischenschritte auf dem Weg zum orthografisch richtigen Schreiben"[15]. Sie geben Auskunft über den jeweiligen Entwicklungsstand und zeigen, wo das Kind noch Unterstützung oder weiterführende Hinweise braucht. So dürfen (und sollen) in der Anfangsphase die Fehler unkorrigiert stehenbleiben, sie gehören zum Lernen dazu.

Auch später wird sich die Korrektur der „Fehler" nach dem jeweils erreichten Entwicklungsstand des Kindes richten.

Für uns sind folgende Prinzipien machbar:
Wenn ein Kind die Lautkette schon fast vollständig erfassen kann, dann markieren wir die Stelle, an der ein hörbarer Laut/Buchstabe fehlt, mit einem gelben Punkt und geben den Auftrag, noch einmal genau „in das Wort hineinzuhören".

Nur wenn das Kind nach der richtigen Schreibweise fragt, schreiben wir das richtige Wort über das fehlerhafte. Dasselbe Verfahren empfehlen wir auch den Eltern, die bei den Hausaufgaben von den Kindern nach der richtigen

---

15) Faust-Siehl, G., u. a. Die Zukunft beginnt in der Grundschule, Empfehlungen zur Neugestaltung der Primarstufe, Rowohlt Taschenbuch Verlag GmbH, Reinbek bei Hamburg 1996, S. 81

Schreibung bedrängt werden. Vorteil: Durch den unmittelbaren, aber wert-freien Vergleich wird das Kind auf das Vorbild aufmerksam gemacht.

Immer werden in den eigenen Texten der Kinder Fehler auftauchen. Für die Korrektur gilt: Es ist wichtiger, die Schreibfreude zu erhalten, als ein fehler-freies Ergebnis zu präsentieren. Also nicht ein total „durchkorrigiertes" Blatt dem Kind zum „fehlerfreien Abschreiben" zurückgeben, sondern die Korrek-tur gezielt und selektiv vornehmen. Zwei Möglichkeiten sind für uns auf die-ser Stufe praktikabel: Die Lehrerin korrigiert zwei wichtige Sätze aus dem Text ganz, die dann übernommen werden müssen, oder die Lehrerin korri-giert nach einem Schwerpunkt. Wurden z. B. die Nomen mit der Großschrei-bung besprochen, dann werden nur die Nomen überprüft, ähnliches könnte auch mit Schärfung, Auslautverhärtung oder Umlautung erfolgen.

Kurssysteme im Deutschunterricht

Kurse bieten sich bei allen Inhalten an, die von den Kindern allein erworben werden können.
• Erwerb der Druckschrift
• Erwerb der verbundenen Schrift
• Richtiger Umgang mit dem Füller

Kurssysteme haben viele Vorteile:
Individualisierung ergibt sich von selbst und muss nicht gesteuert werden.
Das Material gibt den Kindern Sicherheit, weil eine begrenzte Zahl von Arbeitstechniken sich immer wiederholt.
Die Kinder lernen Selbstständigkeit und Eigenverantwortlichkeit.
Der Lehrer wird im Unterrichtsgeschehen entlastet, er gewinnt Zeit für Beob-achtung und Förderung einzelner Schüler.

Kurssysteme sind für die Kinder motivierend,
– wenn nach jedem Schritt die Arbeit bestätigt wird durch einen Stempel, einen Klebepunkt o. Ä.,
– wenn an ihrem Ende ein sichtbarer Erfolg steht, z. B. eine Urkunde über den abgeschlossenen Schreibschriftlehrgang.

Anforderungen an die Materialien:
Die Materialien müssen die Inhalte aufeinander aufbauend präsentieren.
Sie müssen nach einem überschaubaren Ordnungssystem gut zugänglich sein.
Die Einführung erfolgt mit allen Kindern gemeinsam an der ersten Aufgabe.

5. Werkstätten für den jahrgangsübergreifenden Unterricht

So wie auch die Zweitklässler auf das kompakte System Werkstattunterricht vorbereitet werden, so müssen selbstverständlich auch die Erstklässler behutsam angeleitet werden. Man muss ihnen ein Hineinwachsen in dieses System ermöglichen, andernfalls werden sie vom kompletten Regelwerk dieses Unterrichts vollkommen überfordert sein.

Die Hinführung zum vollständigen gemeinsamen Werkstattunterricht (mit den Zweitklässlern), der Selbstständigkeit und Eigenverantwortung fordert und fördert, erfolgt in drei Schritten.

Gruppe 1	Gruppe 2	
• Einführung der Arbeit mit der Anlauttabelle: ich-du-wir-Buch • Spiele/Übungen zur Schulung der phonologischen Bewusstheit • Einführung des Schreibens ins DIN-A4-Heft Lin. 21 • Einführung des Arbeitens im Buchstabenheft	Werkstatt: Ich habe einen Namen	1. SW
		2. SW
Einführung des Arbeitens nach einem Arbeitsplan 1		3. SW
Festigung des Arbeitens nach einem Arbeitsplan 2	Werkstatt: Herbst	4. SW
		5. SW
Einführung des Arbeitens mit der Arbeitskarte innerhalb der Gruppe 1		6. SW
		7. SW

Diese drei Schritte finden in dem Zeitraum vom Schulstart bis zu den Herbstferien statt. Sie beanspruchen eine Zeitspanne von ungefähr sieben Wochen. Diese Zeitspanne steht meist in jedem Bundesland zur Verfügung. Natürlich können Sie – nach Bedarf Ihrer Lerngruppe – den einen oder anderen Schritt verlängern bzw. verkürzen.

Während dieser Einarbeitungszeit der Erstklässler bearbeiten die Zweitklässler zwei Werkstätten.

In der Werkstatt „Ich habe einen Namen" liegen die Arbeitsschwerpunkte für die Gruppe 2 auf

- dem Erlernen des ABC,
- auf Übungen zu der kurz vorher eingeführten Wortart „Namenwort/ Nomen" und
- auf dem selbstständigen Vorbereiten des ersten Diktats (Werkstatt ist angefügt).

Nach circa drei Wochen schließt sich (für die Zweitklässler) die Herbst-Werkstatt an (Werkstatt ist angefügt).

Inhaltlich wird hier folgender Schwerpunkt von den Zweitklässlern bearbeitet:

- das zweite Diktat
- einfache Satzstrukturen
- Einzahl-Mehrzahl
- Bäume und ihre Früchte
- Wissenswertes über den Igel.

In beiden Werkstätten der Gruppe 2 sind natürlich alle Auftragskarten rot.

Unabhängig von diesen beiden Werkstattangeboten gibt es innerhalb des zeitlichen Werkstattbandes gemeinsame Aufgaben mit den Erstklässlern. Wie diese bis zu den Herbstferien aussehen, erkennen Sie in den ersten drei Schritten der Erstklässler.

- **So geht's los:**

 : Die ersten 2 Wochen

Während die Gruppe 2 relativ selbstständig in ihrer Namen-Werkstatt arbeitet, bleiben mir in den ersten sieben Wochen im Durchschnitt 60 – 80 Minuten am Tag für die Arbeit mit den Erstklässlern.

In den ersten beiden Schulwochen haben

- das Arbeiten und Verschriften mit einer Anlauttabelle und
- die Einführung verschiedener Arbeitsmittel, Hefte und
- unterschiedlicher Ordnungssysteme

Vorrang.

Es gibt verschiedene Lehrwerke, die *das Arbeiten mit einer Anlauttabelle* zu Grunde legen bzw. mit einfließen lassen.

Unabhängig vom Lehrwerk ist es in den ersten zwei Wochen wichtig, die Bild-Zeichen(Buchstaben)-Zuordnung und die Arbeitstechnik mit der Anlauttabelle mit den Erstklässlern einzuüben.

Fünf bis zehn Minuten finden jeden Tag an der großen magnetischen Tabelle verschiedene Übungen und Spiele statt, um die Bild-Zeichen-Zuordnung zu festigen und die Orientierung innerhalb der Tabelle zu erleichtern.

Mindestens 20 Minuten am Tag werden gemeinsam „frontal" mit der Anlauttabelle Wörter geschrieben.

Wir suchen uns passende Schreibanlässe, um einfache Wörter zu verschriften.

In den ersten zwei Schulwochen entsteht bei uns ein „ich-du-wir-Schule-Buch".

Wir falten zwei DIN-A4-Blätter auf DIN-A5-Format und heften sie in der Mitte zusammen. So gefaltet schneiden wir oben links und rechts jeweils die Ecke ab, sodass eine Hausform entsteht:

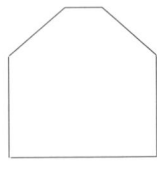

Auf die erste Seite schreiben die Schüler mit der Anlauttabelle nach meiner Anleitung alle gleichzeitig das Wort „Schule": Erst suchen wir gemeinsam das

Zeichen für den Laut „SCH". Alle Kinder suchen mit dem Zeigefinger der Reihe nach die Bilder ab und hören heraus, welches Bild mit „SCH" anfängt. Wenn es gefunden wurde, wird das Zeichen „SCH" abgeschrieben.

Ich mache nun den nächsten Laut „U" zum Anlaut, indem ich den Kindern vorspreche: „Von dem Wort „SCHULE" habt ihr jetzt das „SCH" geschrieben. Jetzt kommt SCH...ULE (Die Betonung liegt auf dem U, sodass er sozusagen zum Anlaut wird). Sucht das Bild, das mit SCH.U... anfängt."

Wenn alle es gefunden haben, wird das Zeichen neben das SCH geschrieben.

„Jetzt habt ihr schon SCHU geschrieben. Hört, was jetzt kommt: SCHULE".

Die Kinder nennen den Laut und suchen das Bild, das mit L anfängt. Mit dem Finger gehen wir die Bilder gemeinsam der Reihe nach durch.

So entsteht das Wort SCHULE auf der ersten Seite des Buches. Die Kinder malen anschließend ein entsprechendes Bild auf die Seite und können so nach dem für die Kinder wirklich anstrengenden Erarbeiten des Wortes entspannen.

Am nächsten Tag wird wieder genauso verschriftet, diesmal die Wörter DU und ICH, jeweils auf eine Seite.

Als nächstes können weitere wichtige Wörter aus der Schule wie WIR, PAUSE, FÄSCHPA, MATE usw. jeweils eine Seite „füllen".

Gewöhnen Sie sich an die lauttreue Schreibweise. Rechtschreibung ist **in diesem Anfangsstadium** nicht wichtig. Die Kinder lernen so das Lesen.

Alle Kinder haben auch das Sprechen gelernt, ohne dass sie von Anfang an in grammatikalisch richtigen Sätzen gesprochen haben! Und korrigiert hat sie keiner. Es kommt fast wie von selbst.

Ich bin mir auch nicht sicher, ob alle so gut das Sprechen gelernt hätten, wenn es in einer Schule unterrichtet worden wäre in der Art: „Erst lernen wir die kürzeren Wörter, dann die längeren. Dann sprechen wir in einfachen Sätzen, dann in schwierigeren."

Vertrauen Sie auf die Kinder. Es läuft beim Lesenlernen durch das Schreiben mit einer Anlauttabelle ein innerer Prozess ab, der für uns nicht sichtbar ist. Aber ich kann Ihnen versichern: In all den Jahren hat bei mir jedes Kind Lesen gelernt, genauso wie in anderen Klassen.

Meine Schüler hatten allerdings mit dieser Methode den Vorteil, dass sie individuell fortschreiten konnten. Während der eine Schüler weiterhin einfache Wörter mit der Anlauttabelle schrieb, schrieben andere Sätze oder ganze Geschichten. Lesen konnten irgendwann alle.

Und ich als Lehrerin war frei für andere und anderes; ich musste nur immer für den Schreibanlass sorgen!

Zu dieser Arbeit mit der Anlauttabelle werden zum Erlernen des Lesens und Schreibens jeden Tag fünf bis zehn Minuten dazu verwendet, die phonologische Bewusstheit der Kinder zu schulen. Übungen wie Reime suchen, aus Lautketten Wörter heraushören, selbst Lautketten bilden, Anfangs- und Endlaute weglassen und von den Schülern benennen lassen und abwechslungsreiche andere Übungen finden Sie in der Fachliteratur zu diesem Gebiet.

In den ersten zwei Wochen ist es ein weiteres Ziel, dass die Kinder Hefte und Arbeitsmittel, die im Unterricht verwendet werden, kennenlernen und selbstständig benutzen können.

Im schriftsprachlichen Bereich benutzen wir ein kleines DIN-A5-Heft ohne Linien und Kästchen. Dies ist das Buchstabenheft der Kinder. Jede Seite wird eine „gestaltete" Buchstabenseite. Der Buchstabe wird vorgeschrieben, die Kinder fahren ihn mehrmals nach und schreiben ihn in verschiedenen Farben groß und klein auf die Seite. Dazu wird auf die Seite etwas gemalt, das mit dem Buchstaben anfängt. Zum Abschluss wird der bearbeitete Buchstabe außen auf den Umschlag geschrieben. Dadurch kann man schnell erkennen, welcher Buchstabe und wie viele Buchstaben vom Kind bereits bearbeitet wurden.

Wenn man in den ersten zwei Wochen zweimal je eine Seite gemeinsam bearbeitet hat, können die Kinder in den nächsten Wochen selbstständig damit umgehen.

Nun wird noch das Schreibheft eingeführt.
Wir benutzen ein großes DIN-A4-Heft mit der Lineatur 21 und vermitteln den Kindern, wie sie darin schreiben und arbeiten sollen. Manche Kolleginnen bevorzugen ein unliniertes DIN-A5-Heft für das erste freie Schreiben.
Die Einführung besonderer Arbeitsmittel wie Logico, Stöpselkarten, Sabefix, Lesedosen, Computer etc. erfolgt mit und durch die Zweitklässler.
Nach diesen ersten beiden Wochen sind den Kindern die Grundtechniken und die grundlegenden Arbeitsmittel zum Schreiben- und Lesenlernen vertraut.
Dies ist Voraussetzung für den zweiten Schritt.

Selbstverständlich bleibt in diesen ersten zwei Wochen Zeit, die mit der ganzen Klasse während des Werkstattbandes gemeinsam verbracht wird:
Parallel zur Werkstatt „Namen" haben Zweitklässler und Erstklässler zusammen etwas gebastelt (z.B. aus Krepppapierkügelchen ihre Initialen gelegt), Lieder gelernt („Ich habe einen Namen", „Die Schule ist aus..."), gemeinsam Geschichten gelesen oder gehört und im Morgenkreis einander verschiedene Sachverhalte erzählt und besprochen.

 **2.Schritt** : *Die nächsten 3 Wochen*

In den nächsten drei Wochen werden (während die Großen in ihrer Werkstatt arbeiten) die eingeführten Bereiche bei den Erstklässlern weitergeführt, um sie zu festigen.

Der Schreibanlass „Schule-Buch" wird nun durch ein selbsterstelltes Baum-Lexikon ersetzt. Wir stellen wieder – wie oben beschrieben – ein kleines Buch her. Auf jeder Seite wird in täglicher, lehrergesteuerter Schreibzeit ein Wort geschrieben (Buche, Eiche, Ahorn...) und dazu Passendes gemalt oder eingeklebt.

Als weitere Schreibanlässe haben wir Bilder zusammengestellt, die zum Thema passen (z.B. Herbst, Wind, Igel...). Diese werden ins Schreibheft geklebt.

Mit Hilfe der Anlauttabelle schreiben die Erstklässler das passende Wort/passende Wörter daneben.

Als Hinführung auf das Arbeiten in einer Werkstatt wird nun ein erster Arbeitsplan benutzt. (Siehe Seite 124)

Jeder Erstklässler erhält diesen Arbeitsplan. In der aufgebauten Werkstatt der Zweitklässler (z. Zt. Namen-Werkstatt mit 16 Aufträgen) stehen nun über den roten Auftragsnummern 1 bis 10 der Zweitklässler Ablagekörbe mit den grünen Auftragsnummern 1 bis 10 und dem dazugehörigen Arbeitsmaterial der Erstklässler.

So lernt jeder Erstklässler durch das Arbeiten mit seinem Arbeitsplan:
- Es gibt eine Auftragsnummer auf meinem Arbeitsplan.
- Das dazugehörige Arbeitsmaterial befindet sich in der Werkstatt im Ablagekorb bei der gleichen Nummer.
- Für mich als Erstklässler ist die Auftragsnummer/Auftragskarte grün. Die rote Auftragsnummer/-karte steht darunter und ist nur für die Zweitklässler.
- Ich habe einen Übersichtsplan über alle Lernangebote (Arbeitsplan).
- Ich kann die Reihenfolge der Bearbeitung frei wählen.
- Ich male auf meinem Arbeitsplan die Auftragsnummer von dem Lernangebot an, das ich erledigt habe. Das darf ich erst tun, wenn meine Lehrerin die Arbeit gesehen hat.
- Ich lege angefangene Aufträge, die ich am nächsten Tag weiter bearbeite, in mein Ablagefach.
- Ich stecke fertig bearbeitete Aufträge nach der Kontrolle durch die Lehrerin in meinen Hängeordner.

Um diese Kenntnisse bei den Erstklässlern zu festigen, erhalten sie nach ca. 1,5 Wochen einen weiteren Arbeitsplan nach genau dem gleichen Schema. (Siehe S. 127)

Nach diesem zweiten Schritt sind die „Kleinen" schon wesentlich selbstständiger und „orientierter". Natürlich treffen sie in der Werkstattzone bei der Auswahl des Auftrags, den sie erledigen wollen, auch auf die „Großen". Die Zweitklässler helfen den Erstklässlern, wenn sie nicht zurechtkommen, denn sie kennen das System!

Während des zweiten Arbeitsplans läuft für die „Großen" bereits die Herbstwerkstatt. Auch hier bieten sich in der Werkstattzeit natürlich gemeinsame Aktivitäten an, die aber nicht auf dem Arbeitsplan (G1) bzw. der Arbeitskarte (G2) stehen:

Wir besprechen während der Werkstattzeit gemeinsam Sachtexte zu den Tieren (Igel, Fuchs ...) und den Herbstfrüchten. Wir machen einen gemeinsamen Herbst- und Sammelspaziergang. Herbstorientiert basteln und singen wir gemeinsam.

Für die Kinder der Gruppe 1, die es noch benötigen, bleibt neben der Bearbeitung der Arbeitspläne in der Werkstatt genug Zeit für das tägliche, lehrerzentrierte Arbeiten mit der Anlauttabelle und den Übungen zur phonologischen Bewusstheit.

 3. Schritt : Bis zu den Herbstferien

Nun folgt vor den Herbstferien der dritte große Schritt für die Erstklässler: Die Einführung des Chefprinzips.

Der vereinfachte Arbeitsplan, den die Erstklässler bisher hatten, wird nun erweitert durch die Spalten „Unterschrift des Chefs" und „Erledigt". (siehe S. 131).

Die **Arbeitskarte** hat nun dasselbe Format wie die normale Arbeitskarte für den Werkstattunterricht (Beschreibung unter Punkt 4).

Während die Zweitklässler in ihrer Herbstwerkstatt weiterarbeiten, lernen die Erstklässler das Chefprinzip erst einmal innerhalb ihres Jahrgangs kennen.

Hier bearbeiten allerdings nicht zwei Erstklässler zusammen einen Auftrag, sondern jeder Erstklässler ist für einen Auftrag zuständig.

Die Schüler erkennen in diesem Schritt:

- Ich kann nur dort Chef werden, wo noch kein Name (bzw. Foto) auf der Auftragskarte steht. Wenn die Auftragskarte nicht da ist, bearbeitet ein anderer gerade diese Aufgabe, um Chef zu werden.
- Ich nehme eine freie Auftragskarte mit an meinen Platz. Solange darf keiner diesen Auftrag bearbeiten.

- Erst wenn ich eine Aufgabe gut erledigt habe und meine Lehrerin damit einverstanden ist, unterschreibt sie mir das auf meiner Arbeitskarte. Nun darf ich das Erledigt-Feld anmalen.
- Jetzt bin ich für diesen Auftrag der Chef. Ich schreibe meinen Namen auf die Auftragskarte (bzw. lege mein Foto dazu) und lege sie zurück in die Werkstatt zum passenden Auftrag.
- Jetzt erst dürfen die anderen diesen Auftrag bearbeiten.
- Sie kommen zu mir, wenn sie mit der Bearbeitung fertig sind. Ich unterschreibe auf ihrer Arbeitskarte als Chef für diesen Auftrag, wenn ich mit der Ausführung zufrieden bin.

Natürlich gibt es Aufträge wie zum Beispiel Schreibaufträge, die die Kinder nicht immer auf „Richtigkeit" überprüfen können. Aber sie können beurteilen, ob der Auftrag erledigt wurde und ob er sauber und ordentlich erledigt wurde.

Bei den Aufträgen, wo ich wissen muss, ob z. B. das Verschriften geklappt hat, schaue ich am Wochenende in den Hängeordner der Kinder.

Ich korrigiere aber nicht, sondern notiere mir, welcher Erstklässler noch große Schwierigkeiten beim Verschriften hat. Mit diesen Kindern arbeite ich dann in der nächsten Woche intensiv an dieser Aufgabe.

Nun sind die „Kleinen" gut vorbereitet, um nach den Herbstferien mit den „Großen" gemeinsam in **einer** Werkstatt zu arbeiten.

Nach den Herbstferien kommt lediglich noch dazu, dass

- Aufträge immer zu zweit bearbeitet werden,
- es also immer zwei Chefs pro Auftrag gibt,
- es nun auch weiße Aufträge gibt, die immer mit einem Zweitklässler gemeinsam bearbeitet werden.

Aber das ist dann gar nicht mehr so schwer. Sie haben ja einen Zweitklässler neben sich, der weiß, wie es läuft!

- **Praxismaterial zur Durchführung der drei Schritte**

Alle Aufträge, die Sie hier in den Arbeitsplänen und Arbeitskarten finden, sind natürlich austauschbar.

Dafür finden Sie in diesem Buch auch Blanko-Vordrucke der Arbeitskarten, die Sie verwenden können.

Ebenso können Sie die fertigen Arbeitspläne, Arbeits- und Auftragskarten benutzen und vielleicht nur zwei oder drei Aufträge entsprechend der „Materiallage" an Ihrer Schule oder Ihrer Ideen abändern oder überkleben und kopieren.

Der Ablauf der ersten beiden Schulwochen der Erstklässler ist in Kapitel 5 (1. Schritt) beschrieben. Danach arbeiten die Erstklässler bis zu den Herbstferien mit zwei Arbeitsplänen (3./4. und 4./5. Woche) und einer Arbeitskarte (6./7. Woche) getrennt von den Zweitklässlern. Diese zwei Arbeitspläne und die Arbeitskarte dafür finden Sie hier im Anhang. Die Erläuterungen zu den Symbolen finden Sie jeweils bei dem Arbeitsplan bzw. der Arbeitskarte. Bei den Aufträgen, die mit Hilfe eines Arbeitsblattes erledigt werden können, ist das Arbeitsblatt mit der entsprechenden Auftragsnummer angefügt. Bei einem Materialeinsatz ist die Quelle angegeben. Sie können jedes Material jedoch auch durch ein ähnliches ersetzen bzw. komplett aus dem Plan herausnehmen, falls Ihnen kein Material zur Verfügung steht.

Die hier angefügten Werkstätten der Zweitklässler (Namenwörter und Herbst) für den Zeitraum der ersten sieben Wochen können Sie genauso handhaben, wie oben beschrieben.

Zusätzlich finden Sie hier zwei ausgearbeitete Beispiel-Werkstätten für den jahrgangsübergreifenden Unterricht, die direkt einsetzbar sind, wenn den Schülern das System vertraut ist.
Auch hier haben Sie natürlich sämtliche Freiheiten bezüglich des Ersetzens, Austauschens oder Weglassens von Aufträgen!

Viel Freude beim jahrgangsübergreifenden Arbeiten mit diesem vorbereiteten Material.

Arbeitsplan 1 der Erstklässler (3./4. Schulwoche)

1 Lesepodest:	Es gibt eine Ecke oder ein Podest, wo passende Bücher zum Lesen oder Anschauen ausgelegt sind. Der Lehrerin wird anschließend berichtet, was angeschaut bzw. gelesen wurde.
2 Sabefix:	Sabefix-Kontrollspiel, Programm 1, Einlageblatt 1 (Das Sabefix-Kontrollspiel ist im Deutschbereich vielfältig einsetzbar von erster Buchstabenkenntnis bis zu komplexen Aufgaben.)
	2 Sabefix-Kästen pro Klasse reichen aus!
	Erhältlich bei: Verlag Otto Heinevetter, Hamburg
3 Lesedose:	beinhaltet selbstgebastelte Bild-/Anlautzuordnungskärtchen, wie es sie von fast jeder Fibelausgabe gibt.
4 Tauti:	Ersetzbar durch ein anderes Zeichen, das der im Unterricht benutzten Anlauttabelle entspricht (entsprechendes Arbeitsblatt zum Verschriften ist angefügt)

5 Domino: Lesedomino (aus: Start frei „16 Spiele zum Schriftsprach-erwerb")

6 Zauberzahlen: Seite 2 (Schreibweise der Ziffer 1) bearbeiten in: Zauber-zahlen. Ziffern schreiben mit Simsala und Bim. 2001 Oldenbourg Schulbuchverlag, ISBN 978-3-486-12219-0.

7 Logico: LOGICO PICCOLO
Rechnen bis 10, Teil 1, Seite 1 (Menge-Zahl-Zuordnung) erhältlich bei: Neuer Finken-Verlag, Oberursel.

8 Buchstabenheft: DIN-A5-Heft ohne Linien und Kästchen
Bei diesem Symbol wissen die Kinder, dass sie eine DIN-A5-Seite in ihrem Buchstabenheft gestalten sollen. Dazu lassen sie sich einen Buchstaben (den sie kennen und „bearbeiten" möchten) von der Lehrerin vorschreiben.
Nun fahren sie den Buchstaben bunt nach, schreiben ihn in Groß- und Kleinschrift mehrmals bunt auf die Seite und malen etwas dazu, das mit dem Buchstaben beginnt. Zum Abschluss wird der „bearbeitete" Buchstabe außen auf den Umschlag geschrieben.

9 Computer: Am Computer ist ein Bild-Buchstaben-Zuordnungsspiel installiert und gestartet.

10 Zahlen-AB: Seite 7 (Schreibweise der Ziffer 2) in: Silvia Regelein, Mathematik 1. Schuljahr. Oldenbourg Kopiervorlagen 113, 2006 Oldenbourg Schulbuchverlag, ISBN 978-3-486-00291-1.

(Diesen Arbeitsplan erhält jedes Kind im DIN-A5-Format. Für die Werkstatt vergrößern Sie diesen Plan auf grünes DIN-A4-Papier und schneiden die einzelnen Auftragsnummern auseinander. Legen Sie sie dann als „Auftragskarten" in transparente Ablagekörbe in die Werkstatt (mit dem entsprechenden Material) über die Ablagekörbe der Nummer 1 – 10 bei den Großen)

Arbeitsplan 1 der Erstklässler (3./4. Schulwoche)   Name: _____

1	2	3	4	5
LESE-PODEST	SABEFIX	LESEDOSE	TAUTI	DOMINO

6	7	8	9	10
ZAUBERZAHLEN	LOGICO	BUCHSTABENHEFT	COMPUTER	AB

Name: _____   Datum: _____

Blätter-Tiere

Rate mal.

Aus: Start frei. Mein Wörter- und Geschichtenheft. 2003 Oldenbourg Schulbuchverlag.

Au au		B b	
M m		R r	
U u		Sch sch	
T t		W w	
S s		E e	
D d		Ei ei	
H h		G g	
L l			

Aus: Start frei. 16 Spiele zum Schriftspracherwerb. 2006 Oldenbourg Schulbuchverlag.

(Diesen Arbeitsplan erhält jedes Kind im DIN-A4-Format. Für die Werkstatt vergrößern Sie diesen Plan auf grünes DIN-A4-Papier und schneiden die einzelnen Auftragsnummern auseinander. Legen Sie sie dann als „Auftragskarten" in transparente Ablagekörbe in die Werkstatt (mit dem entsprechenden Material) über die Ablagekörbe der Nummer 1 – 8 bei den Großen)

Arbeitsplan 2 der Erstklässler (4./5. Schulwoche)   Name: _____

1	2	3	4
LESE-PODEST	BUCHSTABENHEFT	AB	SABEFIX
5	6	7	8
MATHEPROFIS	LOGICO	ZAUBERZAHLEN	TAUTI

Arbeitsplan 2 der Erstklässler (4./5. Schulwoche)

1 Lesepodest: Es gibt eine Ecke oder ein Podest, wo passende Bücher zum Lesen oder Anschauen ausgelegt sind. Der Lehrerin wird anschließend berichtet, was angeschaut bzw. gelesen wurde.

2 Buchstabenheft: DIN-A5-Heft ohne Linien und Kästchen

Bei diesem Symbol wissen die Kinder, dass sie eine DIN-A5-Seite in ihrem Buchstabenheft gestalten. Dazu lassen sie sich einen Buchstaben (den sie kennen und „bearbeiten" möchten) von der Lehrerin vorschreiben.

Nun fahren sie den Buchstaben bunt nach, schreiben ihn in Groß- und Kleinschrift mehrmals bunt auf die Seite und malen etwas dazu, das mit dem Buchstaben beginnt. Zum Abschluss wird der „bearbeitete" Buchstabe außen auf den Umschlag geschrieben.

3 Anlaut hören: Arbeitsblatt ist angefügt; entnommen aus: Start frei. 16 Spiele zum Schriftspracherwerb. 2006 Oldenbourg Schulbuchverlag. ISBN 3-486-10706-2

4 Sabefix: Sabefix-Kontrollspiel, Programm 5, Einlageblatt 2 (Materialangabe siehe Arbeitsplan 1)

5 Arbeitsheft 1
Matheprofis: Seite 4 (Wie viele?)
Die Matheprofis Arbeitsheft 1. Schuljahr. 2004 Oldenbourg Schulbuchverlag. ISBN 978-3-486-80731-8

6 Logico: Logico Piccolo
Rechnen bis 10, Teil 1, Seite 2 (Menge-Zahl-Zuordnung)

7 Zauberzahlen: Schreibweise der Ziffer … (unterschiedlich, je nach Lernfortschritt bearbeiten) in: Zauberzahlen. Ziffern schreiben mit Simsala und Bim. 2001 Oldenbourg Schulbuchverlag. ISBN 978-3-486-12219-0.

8 Tauti: Ersetzbar durch ein anderes Zeichen, das der im Unterricht benutzten Anlauttabelle entspricht (entsprechendes AB zum Verschriften ist angefügt).

Name: _____	Datum: _____

☐ ffe	☐ sel	☐ olke

☐ onne	☐ isch	☐ uch

☐ isch	☐ akete	☐ aus

☐ abel	☐ gel	☐ erz

A	E	W	S	T	B	F	R	M	G	I	H

Aus: Start frei. 16 Spiele zum Schriftspracherwerb. 2006 Oldenbourg Schulbuchverlag.

Name: _____   Datum: _____

Oben passendes Symbol für die Anlauttabelle einfügen

Nummer	Auftrag	Unterschrift des Chefs	erledigt
	Arbeitskarte von _____ **Datum:** _____		
1	Lesepodest		
2	AB		
3	Buchstabenheft		
4	AB		
5	Domino		
6	Zauberzahlenheft		
7	Tafel		
8	Tau-ti		
9	① P3		
10	Logico Seite 3		

(Diese Arbeitskarte erhält jeder Erstklässler im DIN-A4-Format. Für die Werkstatt kopieren Sie diese Karte auf grünes Papier, und schneiden die einzelnen Zeilen/Aufträge auseinander. Legen Sie sie dann als Auftragskarten in transparente Ablagekörbe in die Werkstatt über die Ablagekörbe 1 – 10 bei den Großen. Zeitraum: 6./7. SW)

1	Lesepodest:	Siehe Erläuterungen unter Arbeitsplan 1
2	Igel-Arbeitsblatt:	Mit Hilfe der Anlauttabelle wird der Igel beschriftet.
3	Buchstabenheft:	Siehe Erläuterungen unter Arbeitsplan 1
4	Ee-Arbeitsblatt:	Die Schüler kreuzen die Bilder an, in denen sie ein E/e hören.
5	Domino:	Lesedomino (s. angefügtes Arbeitsblatt)
6	Zauberzahlen:	Schreibweise der Ziffer ... (je nach individuellem Lernfortschritt) bearbeiten in: Zauberzahlen. Ziffern schreiben mit Simsala und Bim. 2001 Oldenbourg Schulbuchverlag. ISBN 978-3-486-12219-0
7	Tafel:	Die Schüler notieren Aufgaben von der Tafel mit Lösungen in ihrem DIN-A5-Matheheft.
8	Tauti-Arbeitsblatt:	angefügtes Arbeitsblatt wird als Schreibanlass mit der Anlauttabelle benutzt: Wörter oder Sätze dazu schreiben und Arbeitsblatt gestalten.
9	Sabefix:	Siehe Erläuterungen unter Arbeitsplan 1
10	Logico:	Siehe Erläuterungen unter Arbeitsplan 1

Name: _____   Datum: _____

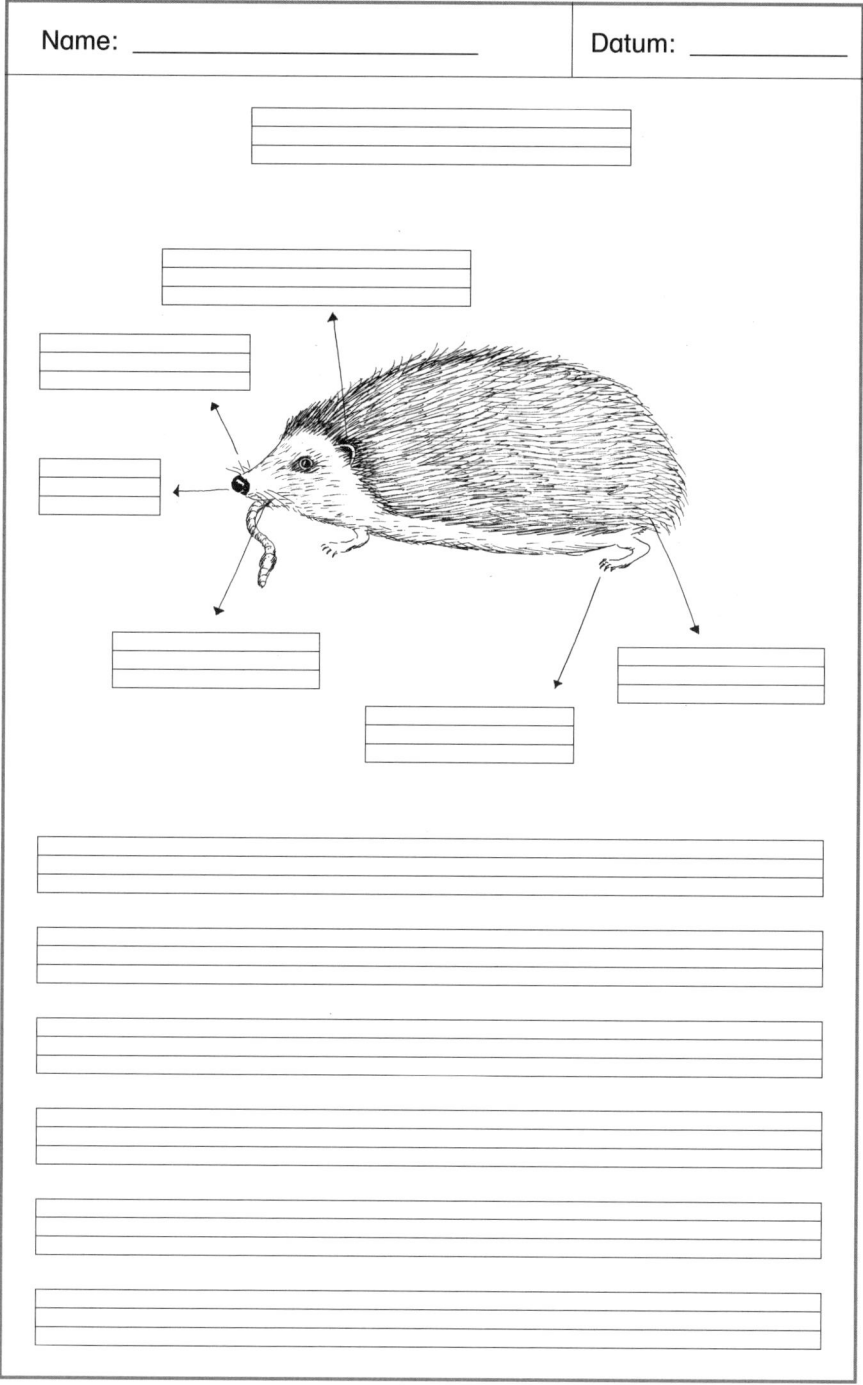

Name: _____   Datum: _____

E e

I		B	
H		T	
W		D	
R		M	
K		A	

Name: _____   Datum: _____

Erzählbild

In den ersten sieben Wochen nach den Sommerferien werden den Zweitklässlern zwei Werkstätten angeboten: ABC-/Namenwörter-Werkstatt und die Herbstwerkstatt (siehe auch: Kapitel 5)

Jedes Zweitklässler-Kind erhält die Arbeitskarte in DIN-A4-Format.

Die angefügten Auftragskarten werden auf rotes Papier kopiert (roter Auftrag = Zweitklässler-Auftrag).

Die Auftragskarten werden dann in die transparenten Ablagekörbe zu den jeweiligen „Materialien" in die Werkstatt gelegt.

In der ABC-/Namenwörter-Werkstatt finden Sie einige Mathematikaufträge, obwohl sonst die Mathematik getrennt von der Werkstattzeit stattfindet.

Es bietet sich hier an, es zu diesem Zeitpunkt einmalig zu koppeln. Die Zweitklässler bearbeiten diese Werkstatt ohne die Erstklässler. Mit dem Start des neuen Schuljahres geht es um die Erschließung bzw. Festigung (je nachdem, wo die Schüler gerade stehen) des 100er-Raumes.

Das Montessori-Material zu diesem Bereich ist auffordernd und sehr gut in Partnerarbeit zu bearbeiten (Auftrag 8 und 10).

Das „Mathematix" (Auftrag 7) ist wie das Sabefix im Heinevetter-Verlag erhältlich und vom Material vergleichbar zu handhaben. Die Einlegeblätter sind nicht ausschließlich mathematikbezogen, sondern dienen der allgemeinen Denkschulung.

Die Anschaffung eines Materialsatzes pro Klasse ist ausreichend.

Sollten Sie diese Materialien nicht anschaffen können oder wollen, so wären diese Aufträge durch andere zu ersetzen. Sie können auch weggelassen werden. Zu allen weiteren Aufträgen sind die entsprechenden Arbeitsblätter wieder angefügt.

Im Sinne einer attraktiven Werkstatt (wie in Kapitel 4 beschrieben) sollten jedoch nicht nur „Papieraufträge" angeboten werden.

Arbeitskarte
ABC/Namenwörter

Name: _____   Datum: _____

Nr.	Auftrag	Chefunterschrift	er-ledigt
1	Lesepodest		
2	ABC-Bild		
3	Schreibschrift ABC		
4	Gedicht		
5	Diktat		
6	Sabefix		
7	Mathematix		
8	Hunderterbrett		
9	Kindernamen		
10	Hunderterkette		
11	ABC-Spiel		
12	Lied		
13	Computer		
14	Tiernamen		
15	Bastelarbeit		
16	Erinnerungsbuch		

So habe ich gearbeitet: ☺ 😐 ☹

Am besten hat mir _____
gefallen, weil _____
_____.

(Zeitraum ca. 1. – 3. SW) (G2)

Auftrag 1: Lesepodest

1. Suche dir ein Büchlein aus.
2. Lies es auf dem Lesepodest.

Hilfe und Kontrolle:

Auftrag 2: ABC-Bild

1. Verbinde die Buchstaben in der richtigen Reihenfolge.
2. Schreibe die Tiernamen auf die Schilder.
3. Male das Bild an.

Hilfe und Kontrolle:

Auftrag 3: Wir lernen das ABC

1. Schreibe alle Buchstaben zweimal dazu.
2. Verziere das ABC-Blatt.

Hilfe und Kontrolle:

Auftrag 4: Gedicht

1. Suche dir ein ABC-Gedicht aus.
2. Schreibe das Gedicht sauber in dein Heft.
3. Male etwas dazu und verziere das Gedicht.

Hilfe und Kontrolle:

Auftrag 5: Diktat üben

1. Schreibe den Diktattext von der Tafel in dein Heft.
2. Unterstreiche alle Namenwörter schwarz.

Hilfe und Kontrolle:

Auftrag 6: Sabefix

Löse mindestens eines der beiden Programme:
EB 14: P 47 / P 62

Hilfe und Kontrolle:

Auftrag 7: Mathematix

1. Suche dir einen Partner.
2. Löst das Aufgabenblatt Nummer 6.

Hilfe und Kontrolle:

Auftrag 8: Hunderterbrett

1. Suche dir einen Partner.
2. Legt alle Zahlen von 1 – 100 in der richtigen Reihenfolge auf das Brett.

Hilfe und Kontrolle:

Auftrag 9: **Kindernamen**

1. Suche dir sechs Kindernamen aus
   unserer Klasse aus.
2. Schreibe die Namen auf ein farbiges
   Blatt.
3. Male die Gesichter dazu.

Hilfe und Kontrolle:

Auftrag 10: **Hunderterkette**

1. Nimm dir die Hunderterkette
   aus Regal 5.
2. Lege die Kette mit einem Partner
   im Flur.

Hilfe und Kontrolle:

Auftrag 11: **ABC-Spiel**

1. Suche dir einen Partner und gehe mit
   ihm in die Bastelecke. Dort findet ihr
   eine Spielanleitung.
2. Lest die Spielanleitung genau durch.
3. Bastelt das Spiel und spielt mehrmals
   miteinander.

Hilfe und Kontrolle:

Auftrag 12: **Lied**

1. Klebe das Liedblatt „Sag uns deinen
   Namen" in dein Musikheft.
2. Klebe es in die Mitte der Heftseite.
3. Verziere die Heftseite.

Hilfe und Kontrolle:

Auftrag 13: **Computer**

Suche dir eine Aufgabe aus dem Bereich **Mathe 2** am PC heraus und bearbeite sie.

Hilfe und Kontrolle:

Auftrag 14: **Tiernamen**

1. Lies die Tiernamen einmal.
2. Schneide die Namen vorsichtig aus und klebe sie unter das passende Tier.
3. Schreibe die Tiere der Reihe nach **in Schreibschrift** in die Linien.

Hilfe und Kontrolle:

Auftrag 15: **Bastelarbeit**

1. Schneide den Kreis (Teil vom Tausendfüßler) aus.
2. Male ihn an.
3. Klebe ein Foto von dir hinein.
4. Schneide die Beine aus, male sie an und klebe sie an den Kreis unten dran.
5. Lege deine Bastelarbeit auf den Lehrertisch.

Hilfe und Kontrolle:

Auftrag 16: **Erinnerungsbuch**

1. Schneide das Blatt in der Mitte **quer** durch.
2. Lege die beiden Blätter ineinander.
3. Hefte sie in der Mitte zusammen.
4. Bearbeite die Buchseiten.
5. Gestalte dein Büchlein schön.

Hilfe und Kontrolle:

Name: _____ Datum: _____

Im Zoo

Findest du den Elefanten, die Giraffe, den Delfin und den Pinguin?

Name: _____   Datum: _____

Wir lernen das ABC

A	a	N	n
B	b	O	o
C	c	P	p
D	d	Qu	qu
E	e	R	r
F	f	S	s
G	g	T	t
H	h	U	u
I	i	V	v
J	j	W	w
K	k	X	x
L	l	Y	y
M	m	Z	z

A B C D E,
der Hase frisst gern Klee.
F G H I J K L,
das Kätzchen hat ein
weiches Fell.
M N O P Qu,
unser Hund bellt immerzu.
R S T,
das scheue Reh,
U V W,
trinkt am See.
X Y Z,
der Bär
ist lieb und nett.

Aus: Findefix. Wörterbuch für die Grundschule.
Neubearbeitung 2006. Oldenbourg Schulbuchverlag München

A B C D E,
das tut gar nicht weh.
F G H I J,
und es geht ganz flott.
K L M N O,
macht uns richtig froh.
P Qu R S T,
das Alphabet, juchhe!
U V W und X,
lerne ich ganz fix.
Y und Z,
steht hier dick und fett.

Aus: Das Sprachbuch 1/2. Bayerischer
Schulbuchverlag, München 2001

A B C D,
was tut nicht weh?
Fleißig und nett zu sein,
zeitig im Bett zu sein,
A B C D,
das tut nicht weh!
E F G H,
was sagt Papa?
Mach deine Schularbeit,
hast noch zum Spielen Zeit!
E F G H,
das sagt Papa!
I J K L M,
was ist bequem?
Faul sein und schadenfroh,
dumm sein wie Bohnenstroh!
I J K L M,
das ist bequem!
N O P Qu,
was solltest du?
Täglich zur Schule gehn!
Niemand ein Näschen drehn!

N O P Qu,
das solltest du!
R S T U,
was gibt uns Ruh?
Fleißig gewesen sein,
klug und belesen sein!
R S T U,
das gibt uns Ruh!
V W und X,
was nützt uns nix?
Grob wie ein Stein zu sein,
immerzu „nein" zu schrein.
V W und X,
das nützt uns nix!
Y Z,
wer liebt das Bett?
Wer nicht den ganzen Tag
faul auf dem Sofa lag!
Y Z,
der liebt das Bett

James Krüss

Aus: Mein Urgroßvater und ich.
© Verlag Friedrich Oetinger. Hamburg

In der Schule

Die Klasse Ü hat 25 Kinder.
In der Klasse haben wir eine Tafel, Blumen,
Tische und Bücher.
An der Tür sind Bilder der Kinder aus der Klasse.

Auftrag 11

Spielanleitung zum ABC-Spiel

1. Dieses Spiel kann man mit 2 bis 4 Personen spielen.

2. Jeder Spieler erhält eine gelbe Vorlage, die er in der richtigen Reihenfolge des ABC mit großen Schreibschriftbuchstaben sauber ergänzt. (Wenn du dafür eine Hilfestellung brauchst, frage deine Lehrerin nach einer Vorlage.)

3. Zerschneide sauber deine gelbe Vorlage. Dann hast du 25 Buchstabenkarten (Weil X und Y auf einer Karte sind, denn das Alphabet hat ja 26 Buchstaben!)

4. Mische deine Buchstabenkarten gut.

5. Jeder Spieler erhält nun eine weiße Spielvorlage, die er vor sich auf den Tisch legt.

6. Und nun geht es auf ein Startzeichen los: Jeder Spieler legt so schnell wie möglich seine 25 Buchstabenkarten in der richtigen Reihenfolge auf seiner weißen Vorlage ab.

7. Wer zuerst fertig ist, ruft „stopp"!

8. Kontrolliert, ob die Buchstaben in der richtigen Reihenfolge auf dem Blatt liegen.

9. Spielt noch einmal.

Name: _____			Datum: _____	
$\mathcal{A}$	B			
	G			
			N	
P				
			X,y	Z

Name: _____ Datum: _____

Sag uns deinen Namen

Text: Lore Kleikamp
Musik: Detlev Jöcker

1. Kind: „Ich heiße (z. B.) Julian."

Strophe

1. Er heißt Ju - li - an und steht nun in dem Kreis.

Er sagt sei - nen Na - men, da - mit es je - der weiß.

Er heißt Ju - li - an und steht nun in dem Kreis.

1. Kind: „Wie heißt du?"
2. Kind: „Ich heiße (z. B.) Carolin."

Sie heißt Ca - ro - lin und steht nun in dem Kreis.

Sie sagt ih - ren Na - men, da - mit es je - der weiß.

Sie heißt Ca - ro - lin und steht nun in dem Kreis. Be -

grüßt euch nun ihr bei - den, das ist schön.

Und der Ju - li - an darf nun wie - der gehn.

2. Kind: „Wie heißt du?"
3. Kind: „Ich heiße Stefanie, Simon usw."

Aus: Mile, male, mule, ich gehe in die Schule. © Menschenkinder Verlag und Vertrieb GmbH, Münster

| Name: _____ | Datum: _____ |

Hase	Eule	Papagei	Kamel
Igel	Fledermaus	Nashorn	Zebra
Frosch	Hund	Schwein	Tausendfüßler

Name: _____   Datum: _____

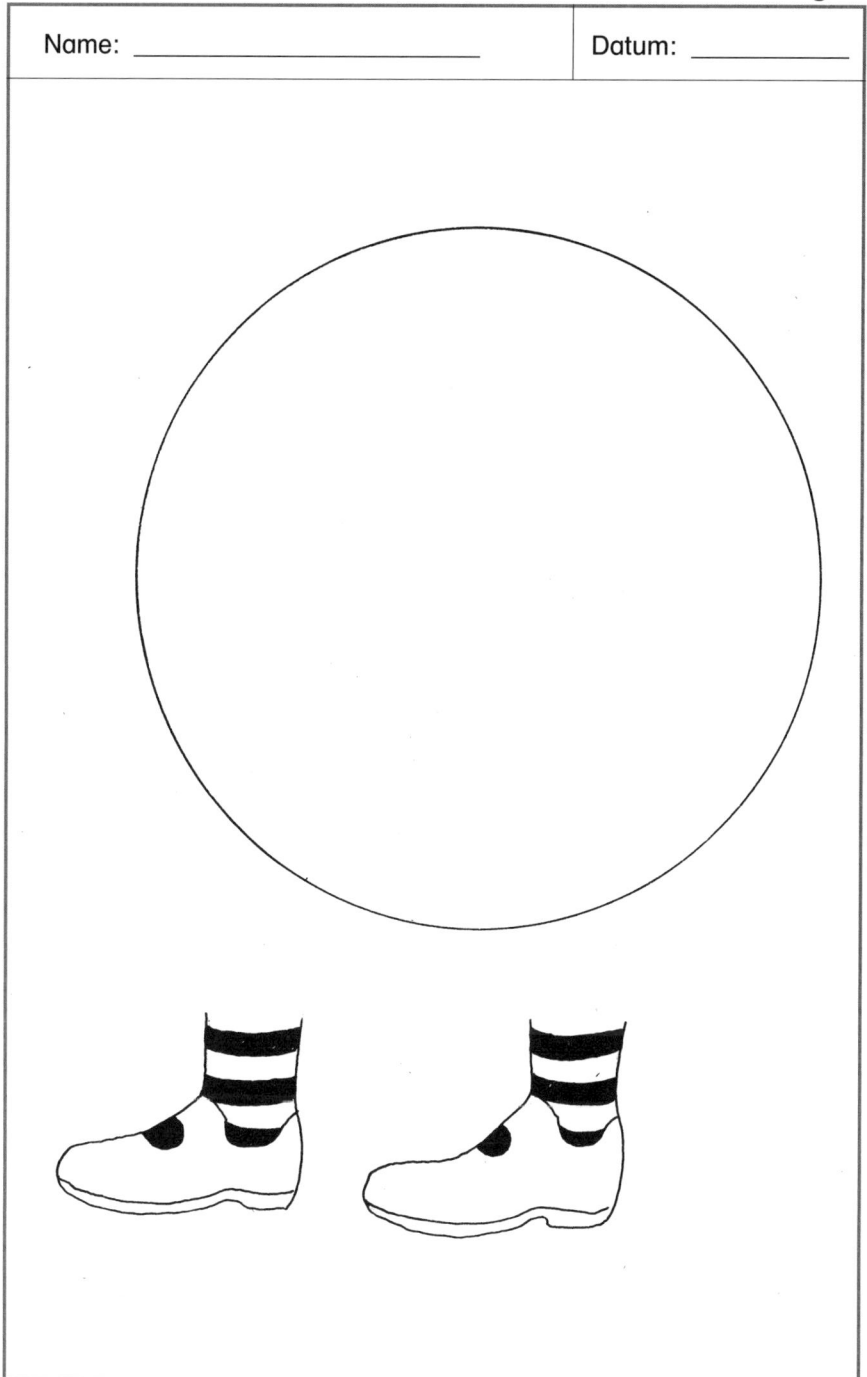

Wenn ich an meinen
ersten Schultag denke,
dann…

Mein
erster Schultag

Ein Erinnerungsbuch
von

Diese Menschen haben mit
mir gefeiert:

Das haben wir gemacht:

Mein Nachbar
am ersten Schultag war:

So hat der Kalender an meinem ersten Schultag ausgesehen:

Das konnte ich damals noch nicht:

So sah meine Schultüte aus:

Und das war drin:

So war ich angezogen:

Arbeitskarte
Herbst

Name: _____ Datum: _____

Nr.	Auftrag	Chefunterschrift	er-ledigt
1	Lesebuch		
2	Herbst-Diktat		
3	Sabefix		
4	Herbstwörter		
5	Schönschreiben		
6	Lernwörter		
7	Herbstsätze		
8	Mathematix		
9	Baum-Lexikon		
10	Lied		
11	Lesetext: Der Igel		
12	Drachengeschichte		
13	Wer ist das?		
14	Blätterschmuck		

So habe ich gearbeitet: ☺ 😐 ☹

Am besten hat mir _____

gefallen, weil _____

_____

Zeitraum ca. 4/5. – 7. SW G2

Auftrag 1: Lesebuch

1. Auf den Seiten ... und ... findest du Herbstgedichte.
2. Suche dir ein Gedicht aus. Lerne das Gedicht auswendig.

Hilfe und Kontrolle:

Auftrag 2: Diktat

1. Bearbeite alle drei Aufgaben des Diktats (Im Herbst).
2. Schreibe die Übungen auf ein Linienblatt.
3. Verziere das Blatt.

Hilfe und Kontrolle:

Auftrag 3: Sabefix

Bearbeite EB 17 / PB 119

Hilfe und Kontrolle:

Auftrag 4: Herbstwörter

1. Schreibe die Namenwörter in Einzahl und Mehrzahl.
2. Male das Blatt herbstlich an.

Hilfe und Kontrolle:

Auftrag 5: Schönschreiben

1. Bearbeite die Schönschreibübung.
2. Schneide dann das Blatt aus.
3. Klebe es auf ein farbiges Papier.

Hilfe und Kontrolle:

Auftrag 6: Lernwörterkartei

1. Schneide die Wörter aus.
2. Schreibe die Wörter ins Heft.
3. Lege die Wörter ins erste Fach deiner Lernbox.

Hilfe und Kontrolle:

Auftrag 7: Herbstsätze

1. Bilde fünf verschiedene Sätze und schreibe sie sauber auf das Blatt.
2. Unterstreiche die Namenwörter.
3. Verziere das Blatt.

Hilfe und Kontrolle:

Auftrag 8: Mathematix

Suche dir einen Partner und bearbeite Mathematix Nummer 11.
Achtung: Lies die Aufgabe genau.

Hilfe und Kontrolle:

© Oldenbourg Schulbuchverlag GmbH, PRAXIS Bibliothek 255, Kursbuch jahrgangsübergreifender Unterricht

Auftrag 9: **Baum-Lexikon**

1. Suche zu den Bildern die richtigen Sätze.
2. Schreibe die Sätze auf die Linien.
3. Male die Bilder passend an.

Hilfe und Kontrolle:

Auftrag 10: **Lied „Der Herbst ist da"**

1. Lerne das Lied auswendig.
2. Male neben jede Strophe ein passendes Bild in den Rahmen.

Hilfe und Kontrolle:

Auftrag 11: **Lesetexte: Der Igel**

1. Suche dir einen der drei Texte aus und lies ihn gut durch.
2. Nimm ein weißes Blatt und male ein passendes Bild dazu.

Hilfe und Kontrolle:

Auftrag 12: **Meine Drachengeschichte**

1. Lies dir den Anfang der Geschichte durch.
2. Schreibe die Geschichte zu Ende.

Hilfe und Kontrolle:

Auftrag 13: Wer ist das?

1. Lies die Aufgabe genau durch.
2. Bearbeite das Arbeitsblatt.

Hilfe und Kontrolle:

Auftrag 14: Blätterschmuck

1. Suche schöne Blätter.
2. Presse die Blätter mit Zeitungspapier und Büchern.
3. Binde die Blätter an einen Faden.

Hilfe und Kontrolle:

Name: _____   Datum: _____

Im Herbst

September, Oktober und November
sind die Monate
im Herbst.
Im Oktober
haben die Bäume
bunte Blätter.
Dann fallen
auch die Kastanien
und die Eicheln
auf den Boden.

1. Lies den Text und unterstreiche alle Namenwörter.
2. Schreibe den Text ab.
3. Suche die Wörter mit „ä" oder „äu" und schreibe sie in Einzahl und Mehrzahl auf.

Name   *Datum*

Name: _____ Datum: _____

Herbstwörter

Schreibe die Namenwörter in der Einzahl und der Mehrzahl. Suche zwei weitere Herbstwörter im Wörterbuch.
Schmücke das Blatt herbstlich aus.

das Blatt, der Apfel, der Baum,

der Igel, der Wind, der Wald,

Einzahl	Mehrzahl
das Blatt	viele
der	viele

Name: _____ Datum: _____

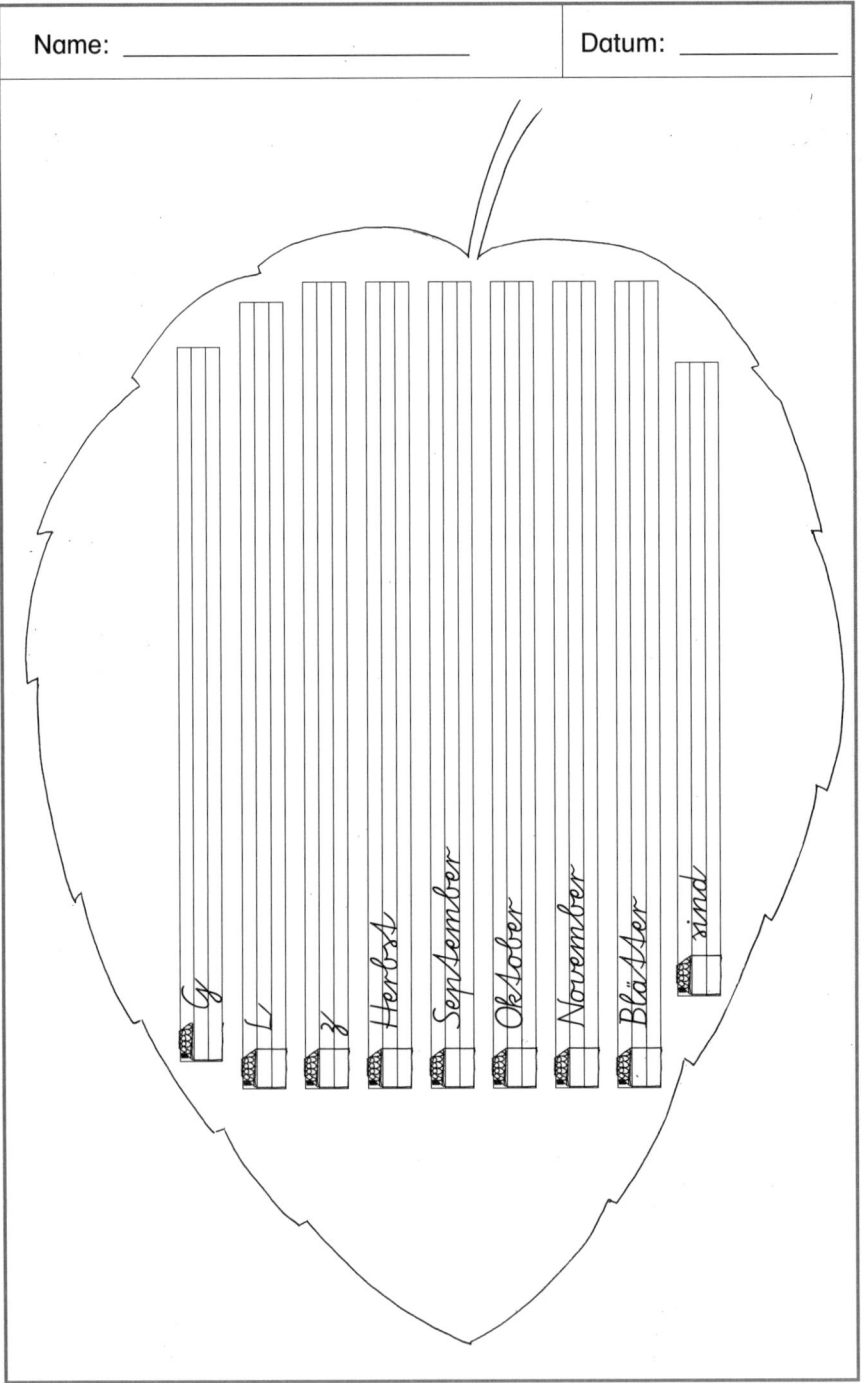

Name: _____ Datum: _____

der Apfel die Äpfel	der Igel die Igel	der Herbst	und
der November	der September	sind	der Wald die Wälder
der Monat die Monate	fallen er fällt	bunt	der Oktober
der Baum die Bäume	der Wind die Winde	das Blatt die Blätter	der Boden die Böden

© Oldenbourg Schulbuchverlag GmbH, PRAXIS Bibliothek 255, Kursbuch jahrgangsübergreifender Unterricht

Name: _____   Datum: _____

Herbstsätze

Namenwörter:	**Tunwörter:**
der Drachen	fallen
das Obst	blasen
der Wind	färben
der Regen	steigen (lassen)
die Blätter	prasseln

Name: _____   Datum: _____

Die Buche	Buchenblatt	Buchecker

_____

_____

_____

Die Eiche	Eichenblatt	Eicheln

_____

_____

_____

Name: _____ Datum: _____

Die Fichte 	Fichtennadeln 	Fichtenzapfen 

_____

_____

_____

Der Ahorn	Ahornblatt	Ahornfrucht

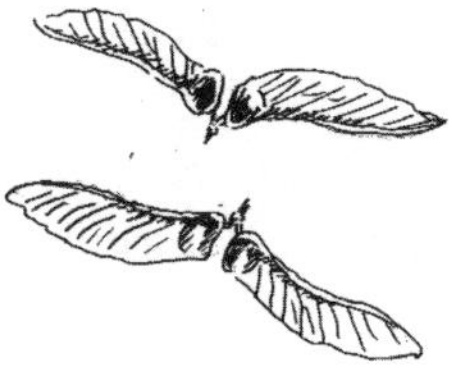

_____

_____

_____

Name: _____   Datum: _____

Die Kastanie	Kastanienblatt	Kastanie

Die Lärche	Lärchennadeln	Lärchenzapfen

Name: _____	Datum: _____

Ich verliere im Herbst meine Nadeln.

Meine Zapfen sind klein. (_ ä _ _ _ _)

Ich habe kleine, spitze Nadeln.

Mein Zapfen ist lang und dünn. (F _ _ _ _ _)

Meine Blätter sehen aus wie Hände.

Meine Frucht ist in einer stacheligen Schale.

Ich habe kleine und eiförmige Blätter.

Meine Frucht ist in einer Schale verpackt.

Meine Blätter sind gebuchtet.

Meine Früchte werden gerne von Tieren

gefressen. (Ei _ _ _)

Ich habe tief gezackte Blätter.

Meine Frucht nennt man auch Nasenzwicker.

Der Herbst, der Herbst, der Herbst ist da

Text und Melodie: Hans-Reinhard Franzke

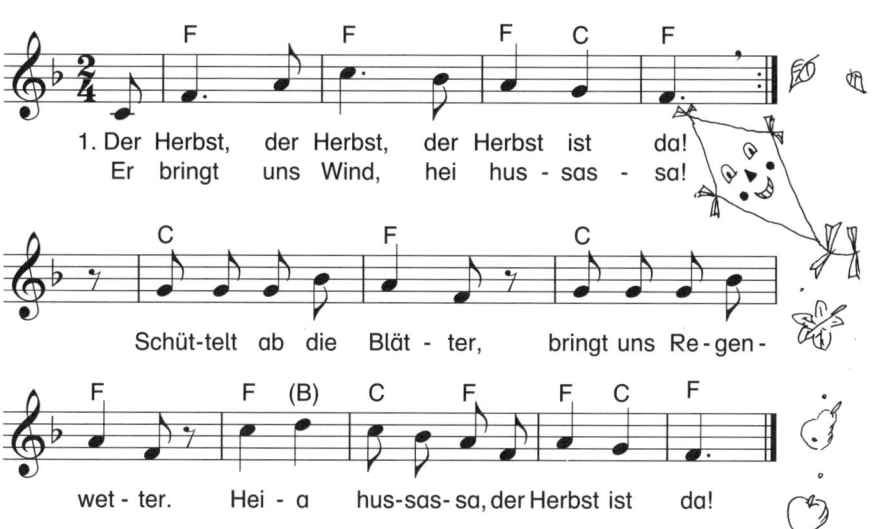

1. Der Herbst, der Herbst, der Herbst ist da!
Er bringt uns Wind, hei hus-sas-sa!
Schüt-telt ab die Blät-ter, bringt uns Re-gen-
wet-ter. Hei-a hus-sas-sa, der Herbst ist da!

2. Der Herbst, der Herbst,
   der Herbst ist da!
   Er bringt uns Obst, hei hussassa!
   Macht die Blätter bunter,
   wirft die Äpfel runter.
   Heia hussassa, der Herbst ist da!

3. Der Herbst, der Herbst,
   der Herbst ist da!
   Er bringt uns Wein, hei hussassa!
   Nüsse auf den Teller,
   Birnen in den Keller.
   Heia hussassa, der Herbst ist da!

4. Der Herbst, der Herbst,
   der Herbst ist da!
   Er bringt uns Spaß, hei hussassa!
   Rüttelt an den Zweigen,
   lässt den Drachen steigen.
   Heia hussassa, der Herbst ist da!

Von der Fidula-CD 4414 „Kindertänze", Fidula-Verlag Boppard/Rhein

Name: _____ Datum: _____

Der Igel

1. Der Igel hat eine spitze Schnauze, mit der er den Boden durchwühlt. Er kann sehr gut riechen. Seine feuchte Nase leitet ihn bei der Futtersuche.
Abends wird er wach und geht auf die Jagd.
Mit seinen rundlichen Ohren kann er sehr gut hören.
Mit seinen 36 Zähnen kann er sogar Schneckenhäuser aufknacken.

2. Das Stachelkleid besteht aus 6000 – 8000 Stacheln. Es schützt ihn vor seinen Feinden. Bei Gefahr rollt er sich zu einer Kugel zusammen, das heißt, „er igelt sich ein". Zu den Feinden des Igels gehören der Fuchs, das Wiesel, der Hund, Raubvögel und das Auto.

3. Bis zum Winter muss jeder Igel viel fressen, um dick und fett zu werden.
Wenn es kalt wird, gräbt er sich eine Erdmulde und polstert sie weich aus. Hier hält er seinen Winterschlaf.
Er atmet langsamer, braucht keine Nahrung und zehrt von seiner Speckschicht. So übersteht er die kalte und nahrungslose Zeit. Erst im Frühling erwacht er aus seinem tiefen Schlaf.

(Texte nach ErlebnisWelt 2, 2001 Oldenbourg Schulbuchverlag)

Name: _____   Datum: _____

Meine Drachengeschichte

Am Sonntag ließ ich mit meiner Mutter meinen Drachen steigen. Der Wind blies stark. Mein Drachen tanzte hin und her. Ich gab ihm immer mehr Schnur. So stieg er höher und höher und plötzlich…

Name: _____ Datum: _____

Verbinde nur die Zahlen von 1 bis 70.

Es ist der Zeitpunkt „nach den Herbstferien" erreicht.
Allen Kindern der jü-Klasse ist nun das Werkstattsystem bekannt und vertraut.
Jetzt können Sie mit den gemeinsamen Werkstätten für Erst- und Zweitklässler starten. Je weiter Sie im Schuljahr voranschreiten, umso mehr weiße und
umso weniger grüne und rote Aufträge gibt es.

**Beispiele für komplette Werkstätten im jahrgangsübergreifenden Unter-
richt**

Bei der gleich im Anschluss vorgestellten Werkstatt „Schnee/Winter" für den
jahrgangsübergreifenden Unterricht sind 17 Aufträge (weiß) für die gemeinsame Bearbeitung durch ein G1- und ein G2-Kind vorgesehen. Die Aufträge
18 bis 22 der Arbeitskarte G1 sind auf Grün zu kopieren, auf Rot müssen die
Aufträge 18 bis 21 der Arbeitskarte G2 kopiert werden.
Praktische Hinweise zur Erstellung des eigenen Materials für die Schnee-
werkstatt finden Sie auf den folgenden Seiten.

Die ausgearbeitete Werkstatt „Frühling/Ostern" (ab S. 215 ff.) für den jahr-
gangsübergreifenden Unterricht bietet 20 weiße Aufträge, die immer ein G1-
Kind mit einem G2-Kind gemeinsam bearbeitet.
Die Aufträge 21 bis 24 sind klassenstufenspezifisch und müssen auf Rot bzw.
Grün kopiert werden.

Für die Aufträge 11 und 16 benötigen Sie wiederum das Material aus dem Heinevetter Verlag (Sabefix und Mathematix), das wir vorher schon einmal erläutert haben. Sollten Sie über dieses Material nicht verfügen, können Sie diese
Aufträge selbstverständlich durch andere ersetzen oder ganz weglassen.
Mit den angefügten Blanko-Vorlagen können Sie auch selbst andere Arbeitskarten erstellen.

Mein Name: _____ Datum: _____

Schnee und Schneemann
Sch und sch in Wörtern

Nr.	Auftrag	Chefunterschrift	erledigt
1	Schneeflocken spüren und anschauen		
2	Was wird aus dem Schnee?		
3	Wortanfang würfeln		
4	Büchlein: Mützen für alle		
5	Klammerkarte: Vom Schnee		
6	Winterwörter würfeln und schreiben		
7	Was weißt du vom Schnee?		
8	Gedichte vom Schnee		
9	Paare suchen: Spuren im Schnee		
10	Basteln: Schneesterne		
11	Schreiben: Ein Brief an Nuria		
12	Kunst: Ein Schneemann		
13	Paare suchen: Schneewörter		
14	Punktebild: Was ist auf dem Schlitten?		
15	Lied: Wir bauen einen Schneemann		
16	Kunst: Frau Holle schüttelt die Betten		
17	Logical: Welcher Schneemann?		
18	Schau genau!		
19	Wo hörst du *sch*?		
20	Domino: Wo liegt Schnee?		
21	Wortfächer mit Sch		
22	Was brauchst du im Winter?		

So habe ich gearbeitet: ☺ 😐 ☹

Am besten hat mir _____

gefallen, weil _____.

Mein Name: _____	Datum: _____

Schnee und Schneemann
Sch und sch in Wörtern

Nr.	Auftrag	Chefunterschrift	erledigt
1	Schneeflocken spüren und anschauen		
2	Was wird aus dem Schnee?		
3	Wortanfang würfeln		
4	Büchlein: Mützen für alle		
5	Klammerkarte: Vom Schnee		
6	Winterwörter würfeln und schreiben		
7	Was weißt du vom Schnee?		
8	Gedichte vom Schnee		
9	Paare suchen: Spuren im Schnee		
10	Basteln: Schneesterne		
11	Schreiben: Ein Brief an Nuria		
12	Kunst: Ein Schneemann		
13	Paare suchen: Schneewörter		
14	Punktebild: Was ist auf dem Schlitten?		
15	Lied: Wir bauen einen Schneemann		
16	Kunst: Frau Holle schüttelt die Betten		
17	Logical: Welcher Schneemann?		
18	Lesen: Das Gewicht der Schneeflocke		
19	Lesen: Schnee		
20	Rechtschreibtext: Schneegeschichte		
21	Warum schneit es?		

So habe ich gearbeitet: ☺ ☺ ☹

Am besten hat mir _____

gefallen, weil _____.

Erläuterungen zu den Materialien:

Auftrag 1   Lupe und dunkles Papier (oder dunkle Folie) bereitlegen

Auftrag 2   Jogurtbecher bereitstellen

Auftrag 3   Vorlagen auf starkes Papier kopieren (Vorder- und Rückseite) und ausschneiden, Holzwürfel bekleben mit Schr-, Schw-, Schm-, Schl-, Schn- und einem Joker

Auftrag 4   Faltvorlage auf starkes Papier kopieren, evtl. laminieren und beilegen (S. 177)

Auftrag 5   Karte auf starkes Papier kopieren, zu jedem Satz auf die Rückseite einen Kontrollpunkt malen, Klammern und Punkte in zwei Farben passend ausmalen, Karte evtl. laminieren, Klammern beilegen

Auftrag 6   Vorlage auf starkes Papier kopieren, ausschneiden, Würfel beilegen

Auftrag 7   Lösungsfolie herstellen

Auftrag 9   Lösungsblatt evtl. laminieren

Auftrag 11   Evtl. ein „Foto" eines dunkelhäutigen Mädchens beilegen

Auftrag 12   Blaues oder graues Tonpapier, Korken und Deckweiß bereitlegen

Auftrag 16   Anleitung (siehe S. 178) beilegen

Auftrag 21 G1   Die Vorlagen auf starkes Papier kopieren, ausschneiden und die Teile des Fächers (Buchstaben durcheinander) mit dem obenliegenden Bild am unteren Ende lochen und mit einer Musterklammer festhalten.

Auftrag 21 G2   Lösungsfolie herstellen

Faltanleitung für Origami-Büchlein

①

②

③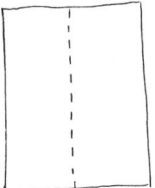

④

⑤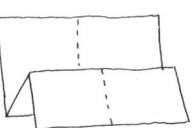

⑥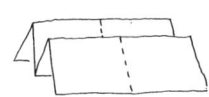

⑦

⑧

⑨

⑩

⑪

So entsteht das Bild von Frau Holle

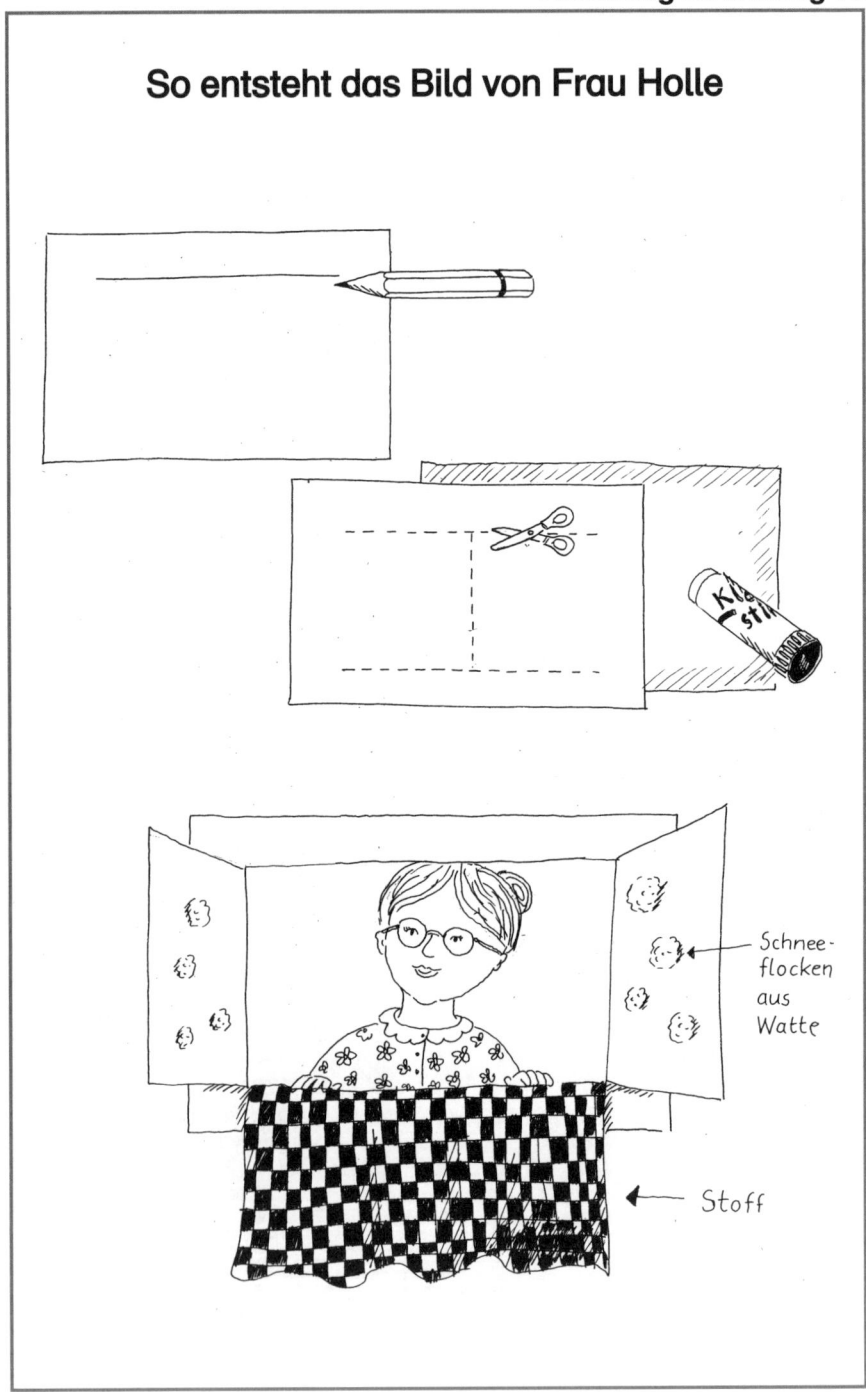

Auftrag 1: Schneeflocken spüren und anschauen

1. Gehe mit einem Partner in den Hof, wenn es schneit. (Lupe und schwarzes Papier!)
2. Spüre die Flocken auf der Hand, im Gesicht, auf der Zunge.
3. Betrachte einen Schneekristall.
4. Male und schreibe von deinen Entdeckungen.

Hilfe und Kontrolle:

Auftrag 2: Was wird aus dem Schnee?

1. Fülle einen Jogurtbecher bis zum Rand mit Schnee.
2. Stelle ihn auf das Fensterbrett über der Heizung.
3. Schau nach einer Stunde nach.
4. Male und schreibe zu deinem Versuch.

Hilfe und Kontrolle:

Auftrag 3: Wortanfang würfeln

1. Würfle einen Wortanfang.
2. Welches Bild passt dazu?
3. Kontrolliere auf der Rückseite.
4. Wenn es richtig ist, darfst du die Karte nehmen.

Hilfe und Kontrolle:

Auftrag 4: Büchlein „Mützen für alle"

1. Falte ein Origami-Büchlein für dich.
2. Lies die Geschichte deinem Partner vor.
3. Male die Bilder richtig aus.

Hilfe und Kontrolle:

Auftrag 6: Winterwörter würfeln und schreiben

1. Würfle und wähle ein Wort mit dieser Augenzahl aus.
2. Schau das Wort genau an, drehe es um und schreibe es in dein Heft.
3. Richtig geschrieben? Du darfst die Wortkarte nehmen.

Hilfe und Kontrolle:

Auftrag 8: Gedichte vom Schnee

1. Wähle ein Gedicht aus, das dir besonders gut gefällt.
2. Schreibe es ab und schmücke das Gedichtblatt.
3. Lerne das Gedicht auswendig.

Hilfe und Kontrolle:

Auftrag 5: Klammerkarte „Vom Schnee"

1. Lies die Sätze.
   Was ist richtig, was ist falsch?
2. Stecke die richtige Klammer an.
3. Kontrolliere auf der Rückseite.

Hilfe und Kontrolle:

Auftrag 7: Was weißt du vom Schnee?

1. Lies die Sätze.
2. Kreuze an, ob sie richtig oder falsch sind.
3. Kontrolliere mit der Lösungsfolie.

Hilfe und Kontrolle:

Auftrag 10: Schneesterne basteln

1. Bastle nach der Anleitung einen oder mehrere Schneesterne.
2. Klebe ihn vorsichtig auf dunkles Papier.

Hilfe und Kontrolle:

Auftrag 12: Ein Schneemann

1. Probiere aus, wie du mit dem Korken und Deckweiß Schnee drucken kannst.
2. Drucke einen Schneemann auf blaues oder graues Papier.
3. Male mit dem dünnen Pinsel Augen, Nase, Hut, Besen, …

Hilfe und Kontrolle:

Auftrag 9: Paare suchen „Spuren im Schnee"

1. Schneide die Karten aus.
2. Versuche, alle Spuren richtig zuzuordnen.
3. Hole das Lösungsblatt und schreibe den Anfangsbuchstaben von jedem Tier auf die Tier- und auf die Spurkarte.
4. Spiele mit deinem Partner Paare suchen.

Hilfe und Kontrolle:

Auftrag 11: Ein Brief an Nuria

Nuria lebt in Afrika. Sie hat noch nie in ihrem Leben Schnee gesehen.
Schreibe einen Brief an Nuria und erzähle ihr vom Schnee.

Hilfe und Kontrolle:

Auftrag 14: **Was ist auf dem Schlitten?**

1. Verbinde die Zahlen in der richtigen Reihenfolge.
2. Schreibe eine kurze Geschichte zu dem Bild auf.
3. Male das Bild aus.

Hilfe und Kontrolle:

Auftrag 16: **Frau Holle schüttelt die Betten**

1. Schneide in ein Blatt ein Fenster ein.
2. Öffne das Fenster und klebe das Fensterblatt auf ein anderes farbiges Blatt.
3. Male Frau Holle in das geöffnete Fenster.
4. Klebe ein „Bett" aus einem Stück Stoff an das Fenster.
5. Verziere alles mit Watteschneeflocken.

Hilfe und Kontrolle:

Auftrag 13: **Paare suchen „Schneewörter"**

1. Schneide die Karten aus.
2. Spiele damit Paare suchen. Für ein Paar brauchst du immer das Wort „Schnee" und ein anderes Wort, das dazu passt.

Hilfe und Kontrolle:

Auftrag 15: **Lied „Wir bauen einen Schneemann"**

1. Lies dir den Text des Liedes durch.
2. Male zu jeder Strophe ein passendes Bild auf ein Extrablatt.

Hilfe und Kontrolle:

Auftrag 18: **Schau genau!**

1. Finde die gleichen Schneesterne.
2. Male sie mit einer Farbe aus.

Hilfe und Kontrolle: G1 = grün

Auftrag 20: **Domino „Wo liegt Schnee?"**

1. Schneide die Dominokarten an den dicken
   Linien auseinander.
2. Lies jedes Wort und lege das passende Bild an.
   (Die letzte Karte muss an beide Seiten passen.)
3. Klebe am Ende die Dominokarten in der richtigen Reihenfolge auf ein Blatt.

Hilfe und Kontrolle: G1 = grün

Auftrag 17: **Logical „Welcher Schneemann?"**

Mit den Sätzen und mit Knobeln kannst du heraus-
bekommen, wer welchen Schneemann gebaut hat
und wie er aussieht.

1. Schreibe den richtigen Namen zu jedem
   Schneemann.
2. Male jeden Schneemann richtig fertig.

Hilfe und Kontrolle: G1 = grün

Auftrag 19: **Wo hörst du *sch*?**

1. Schau dir die Bilder an. Wo hörst du *sch*?
   Kreuze an.
2. Lies die Wörter und schreibe die richtige Nummer zu jedem Bild.

Hilfe und Kontrolle: G1 = grün

Auftrag 22: **Was brauchst du im Winter?**

1. Male nur die Dinge aus, die du im Winter brauchst.
2. Schreibe die Namen dieser Dinge unten auf das Blatt.

Hilfe und Kontrolle: G1 = grün

Auftrag 19: **„Schnee"**

1. Lies den Text aufmerksam durch.
2. Unterstreiche nur die zusammengesetzten Schneewörter, die es wirklich gibt.
3. Schreibe diese in dein Heft.
4. Erkläre drei Schneewörter in je einem Satz.

Hilfe und Kontrolle: G2 = rot

Auftrag 21: **Wortfächer mit Sch**

1. Ordne die Wortfächer richtig.
2. Schreibe jedes Wort richtig ins Heft und male dazu.

Hilfe und Kontrolle: G1 = grün

Auftrag 18: **„Das Gewicht der Schneeflocke"**

1. Lies den Text aufmerksam durch.
2. Erzähle die Geschichte dem Chef.
3. Beantworte die Fragen auf dem Blatt.

Hilfe und Kontrolle: G2 = rot

Auftrag 20: Meine Schneegeschichte

In dieser Geschichte sind 7 Namenwörter nicht großgeschrieben.

1. Suche die falsch geschriebenen Namenwörter und unterstreiche sie.
2. Schreibe sie in Einzahl und Mehrzahl auf.
3. Schreibe deine Schneegeschichte.

G2 = rot

Hilfe und Kontrolle:

Auftrag:

Hilfe und Kontrolle:

Auftrag 21: Warum schneit es?

1. Lies den Text aufmerksam durch.
2. Berichte dem Chef, warum es schneit.
3. Fülle die Lücken aus.
4. Kontrolliere mit der Lösungsfolie.

G2 = rot

Hilfe und Kontrolle:

Auftrag:

Hilfe und Kontrolle:

Schrauben-schlüssel	Schraube	Schreib-maschine
Schwan	Schwimm-reifen	Schwein
Schmetterling	Schmuck	Schloss
Schlauch	Schlange	Schlüssel
Schnee-schaufel	Schnee	Schnecke
Schnur	Schnee-mann	

Es hat geschneit.

Mützen
für alle

Das Haus hat eine
weiße Mütze auf.

Nun hat auch Tom
eine Mütze auf –
aber sie ist blau.

Das Auto hat eine
weiße Mütze auf.

Halt, Tom,
ruft Mama.

Der Zaun hat eine
weiße Mütze auf.

Tom will einen
Schneemann bauen.

Name: _____   Datum: _____

Vom Schnee

richtig   falsch

Schnee gibt es im Winter.	
Schnee ist aus Watte.	
Schnee ist immer weiß.	
Wenn es warm wird, dann wird aus Schnee Luft.	
Schnee ist aus Wasser.	
Schnee schmilzt zu Wasser.	
Schnee ist warm.	
Aus Schnee kann man einen Schneemann bauen.	

Wörter würfeln

⚀ (1)	Schnee	Schneemann	fahren
⚁ (2)	Winter	Dezember	Eis
⚂ (3)	Baum	Vogel	Frost
⚃ (4)	kalt	weiß	still
⚄ (5)	Himmel	Wolken	Wasser
⚅ (6)	fallen	liegen	Weihnachten

| Name: _____ | Datum: _____ |

Was weißt du vom Schnee?

Lies genau. Stimmt das? Kreuze an.	ja	nein
Schnee ist aus Wasser.	◯	◯
Schnee kann ich im Zimmer lange aufheben.	◯	◯
Alle Schneesterne sehen gleich aus.	◯	◯
Wenn es warm ist, löst sich der Schnee in Luft auf.	◯	◯
Jeder Schneestern hat sechs Zacken.	◯	◯
Schneeflocken sind aus Watte.	◯	◯
Jeder Schneestern sieht anders aus.	◯	◯
Wenn es warm ist, wird aus Schnee Wasser.	◯	◯
Der Schnee braucht mehr Platz als das Wasser.	◯	◯
Der Schnee ist weiß.	◯	◯
Das Wasser ist weiß.	◯	◯
Das Wasser ist farblos.	◯	◯

Schneekristall

Ein Schneekristall lag
mir auf der Hand, ewig schön,
eine Sekunde.

Josef Guggenmos

Aus: Josef Guggenmos, Groß ist die
Welt. Beltz & Gelberg in der Verlagsgruppe Beltz, Weinheim & Basel

Der Schneemann ist ein dicker Mann

Der Schneemann ist ein dicker Mann
pff – pff – pff
hat einen weißen Mantel an
pff – pff – pff.
Er ist so rund, wiegt hundert Pfund.
Doch wenn die liebe Sonne scheint,
dann wird er klein,
so klein,
so klein.

Hanna Hanisch

Aus: Hanna und Rolf Hanisch, Wisper – knisper –
Tannenzweig, Deutscher Theater Verlag, Weinheim 1971 © Rolf Hanisch

Schneezauber

Heute Nacht ist Schnee gefallen,
alle Dächer und alle Bäume sind weiß.
Die ganze Stadt ist weiß und leis,
und sogar die Autotüren
können heut nur leise knallen.

Friedl Hofbauer

Aus: Die große Wippschaukel. Reime, Lieder und
Gedichte, Verlag Herder & Co., Wien 1985

Frau Holle ist alt,
der Winter ist _____.
Der Ofen ist heiß,
der Schnee ist _____.

Winter

Vom Norden der Winter kam heut in der Nacht.
Was hat er der Stadt alles mitgebracht?
Dem Mann auf dem Denkmal einen schneeweißen Hut,
der Turmuhr eine Mütze, die steht ihr sehr gut,
der Tanne im Park einen Pelz aus Hermelin,
der Fensterscheibe Blumen, die trotz Eis und Kälte blühn,
den Dachrinnen Bärte und der Pumpe einen Zopf,
den Kindern rote Nasen und 'nen Schneeball an den Kopf.

Ilse Kleberger

Aus: Hans-Joachim Gelberg (Hrsg.), Die Stadt der Kinder. Beltz & Gelberg in
der Verlagsgruppe Beltz, Weinheim & Basel

Paare suchen „Spuren im Schnee"

Abb. aus: Oldenbourg Arbeitsblatt © Oldenbourg Schulbuchverlag, München, PKV 86, Der Jahreslauf: Advent/Weihnachten im 1. und 2. Schj.

© Oldenbourg Schulbuchverlag GmbH, PRAXIS Bibliothek 255, Kursbuch jahrgangsübergreifender Unterricht

Paare suchen „Spuren im Schnee" – Lösungsblatt

Pferd	Pferd	Igel	Igel
Hase	Hase	Katze	Katze
Reh	Reh	Vogel	Vogel
Wildschwein	Wildschwein	Mensch	Mensch

Abb. aus: Oldenbourg Arbeitsblatt © Oldenbourg Schulbuchverlag, München, PKV 86, Der Jahreslauf: Advent/Weihnachten im 1. und 2. Schj.

Name: _____ Datum: _____

Schneide den Kreis aus und falte ihn so:

Dann zeichne auf der obersten Zacke ein Muster
auf, zum Beispiel so:

Schneide das Muster aus.
Falte anschließend deinen Schneestern auf.

Name: _____ Datum: _____

Schnee	Schnee	Schnee
Schnee	Schnee	Schnee
Schnee	Schnee	Schnee
Ball	Flocken	Sturm
Schaufel	Heft	Baum
Ampel	Mann	Räumer

Name: _____   Datum: _____

Was ist auf dem Schlitten?

Schreibe eine kleine Geschichte zu dem Bild.

_____

_____

_____

_____

_____

_____

Wir bauen einen Schneemann

Text: Lore Kleikamp
Musik: Detlev Jöcker

2. Für seinen Bauch die Kugel
   wird groß und dick und rund.
   Und wenn der ...

3. Und nun die zweite Kugel,
   nicht ganz so dick und rund.
   Und wenn der ...

4. Der Kopf auf seinen Schultern
   wird wie ein Ball so rund.
   Und wenn der ...

5. Die Augen sind zwei Knöpfe,
   sehr glänzend, glatt und rund.
   Und wenn der ...

6. In dem Gesicht die Nase,
   die Rübe dick und rund.
   Und wenn der ...

7. Auf seinem Kopf da sitzt nun
   der Hut zerbeult und rund.
   Und wenn der ...

8. Er hält den Stiel im Arme,
   ein Besen lang und rund.
   Und wenn der ...

9. Wir schauen auf den Schneemann,
   ihm fehlt nur noch der Mund.
   Er ist so dick und wiegt bestimmt
   viel mehr als 100 Pfund.

Aus: Buch, CD und MC: Und weiter geht's im Sauseschritt. Menschenkinder Verlag und Vertrieb GmbH, Münster.

Name: _____   Datum: _____

Wer hat die Schneemänner gebaut?

Schreibe die Namen auf die Schilder und male die Schneemänner fertig.

1. Der Schneemann mit den meisten Knöpfen hat einen Topf als Hut.

2. Der Schneemann von Amir hat keine Nase.

3. Alinas Schneemann hat drei Knöpfe und einen alten Hut auf dem Kopf.

4. Der linke und der rechte Schneemann haben eine Karotte als Nase.

5. Der Schneemann mit dem Besen hat eine Mütze auf dem Kopf.

6. Zwei Schneemänner lachen, nur Antons Schneemann lacht nicht.

Name: _____ Datum: _____

Schau genau!

Erkennst du die gleichen Schneeflocken? Male sie in einer Farbe aus.

Abb. aus: © Oldenbourg Schulbuchverlag GmbH, München/Prögel Praxis 219: Projekte „Feuer" und „Wasser"

Name: _____   Datum: _____

① Wo hörst du sch? Kreuze an!

② Schreibe die richtige Nummer zum Bild.

① Tisch   ⑧ Schere
② Fisch   ⑨ Muschel
③ Schiff   ⑩ Flasche
④ Schirm   ⑪ Schwein
⑤ Schuhe   ⑫ Kirschen
⑥ Tasche   ⑬ Frosch
⑦ Dusche

Schreibe Wörter mit Sch/sch

_____
_____

Dominospiel: Wo liegt Schnee?

Schneide die Dominokarten nur an den dicken Linien auseinander.
Male die Karten aus.

	Baum		Ast
	Ampel		Bank
	Auto		Turm
	Haus		Schule
	Garten		Fenster

G1 = grün

	l	Sch	tt	i	en
	au	el	f	Sch	

	m	Sch	i	r	
	a	ch	t	Sch	el

	a	sch	T	e	
	ff	i	Sch		

	ee	n	Sch	m	nn
a			m	Sch	e

r	e	tt	ng	l	i
	l	ss	Sch	el	ü

	n	b	el	Sch	a
	r	o	F	sch	

Name: _____ Datum: _____

Was brauchst du im Winter?

Schreibe die Dinge auf, die du im Winter brauchst.

_____

_____

_____

_____

Name: _____   Datum: _____

Das Gewicht der Schneeflocke

„Es schneit", sagte der Wolf.

„Was du nicht sagst, Gevatter", brummte der Bär.

„Mehr als tausend Schneeflocken", sagte der Fuchs,
„aber auf meinem Pelz spüre ich sie überhaupt nicht!"

„Sie schmelzen auf meiner Hasennase", sagte der Hase
und dann fügte er noch nachdenklich hinzu:
„Man spürt sie nicht. Doch sie haben ein Gewicht!"

„Eine Schneeflocke wiegt weniger als nichts", knurrte der Wolf.

„Und sie hat keine Kraft", brummte der Bär.

„Aber sie wiegt doch etwas und sie hat auch Kraft", sagte der Hase.

Die Tiere gerieten in Streit, ob eine Schneeflocke etwas wiegt oder nicht.

„Wir wollen die Schneeflocken zählen,
die da auf den alten Ast fallen", sagte der Hase.

„Da wird man ja sehen, ob eine Schneeflocke Gewicht hat."

Der Bär und der Wolf lachten so laut, dass es durch den ganzen Wald schallte.

Aber weil sie gerade nichts Besseres zu tun hatten, zählten sie mit:
Eins … zwei … drei … vier … fünf … sechs … sieben …
Als sie bei zweitausendachthundertsiebenundsechzig angekommen waren, machte es plötzlich „Krach" und der dicke, mächtige Ast brach ab.

„Der Hase hat Recht", knurrte der Wolf und sogar der Bär wunderte sich über die Kraft der Schneeflocken.

Fredrik Vahle

Aus: Fredrik Vahle, Weihnachtsgrüße. München: Middelhauve 1995

1. Vier Tiere streiten über das Gewicht einer Schneeflocke. Das sind
   _____.

2. Der Bär sagt: _____

3. Der Hase sagt: _____
   _____

4. Am Ende geben der Wolf und der Bär dem Hasen Recht.
   Was ist passiert? _____
   _____

G2 = rot

Name: _____ | Datum: _____

Schnee

In den Straßen, wo die vielen Autos fahren, ist der Schnee schmutzig und auf den Gehsteigen sieht er auch nicht besser aus. Aber im Stadtgarten, da liegt er frisch und weiß auf den Wiesen. Unberührt bis auf eine krakelige Vogelspur hie und da.

„Die Bäume halten sich ganz still, damit der Schnee nicht runterfällt", sagt Susi, „nicht wahr?" Eckhard nickt.

„Sag, woher kommt der Schnee?"

„Aus den Wolken", erklärt Eckhard,
„die haben die ganzen Bäuche voll davon."

„Und warum ist er immer nur weiß und nie rot?", will Susi jetzt wissen.

„Weil er sonst Flecken machen würde."

„Kann man Schnee essen?", fragt Susi.

„Ja", sagt Eckhard, „aber er ist so kalt,
da kriegt man Bauchschmerzen."

„Ein bisschen?"

„Nein", sagt Eckhard und er nimmt seine kleine Schwester fest an der Hand.

„Pass auf, wie viele Wörter es mit Schnee gibt", lenkt er sie ab:
„Schneeball, Schneewetter, Schneemann …"

„Schneefrau!", schreit Susi.

„Schneesturm", fährt Eckhard fort, „Schneeschaufel …

„Schneekönigin …" „Schneenasi", sagt Susi.

„Nein", sagt Eckhard. „Doch", sagt Susi, „weil mir nämlich Schnee auf die Nase gefallen ist!"

„Na gut", meint Eckhard. „Schneeräumer … Schneeschuhe …"

„Schneestrümpfe!", brüllt Susi und hüpft auf einem Bein,
„Schneehütte, Schneevögel!"

„Komm, wir machen eine Schneeballschlacht!", ruft Eckhard.
„Los!"

Gina Ruck-Pauquèt

Aus: Jutta Radel (Hrsg.), Mit dem Bücherbär durchs Jahr. Edition Bücherbär im Arena Verlag GmbH, Würzburg 1996.

1. Lies den Text und unterstreiche alle zusammengesetzten Namenwörter mit Schnee, die es wirklich gibt.
2. Schreibe nur diese Schneewörter ab.
3. Erkläre drei Schneewörter mit je einem Satz.

G2 = rot

Name: _____ | Datum: _____

Meine Schneegeschichte

Ich bin am Sonntag mit meinem großen bruder Schlitten gefahren. Der berg war ganz steil und unser schlitten ist ganz schnell gefahren.
Auf der wiese stand ein Schneemann. Knapp davor habe ich mich vom Schlitten fallen lassen. Mein Bruder ist gegen den schneemann gerast. Mein freund hat seinen hund Maxl mitgenommen. Maxl ist immer neben dem Schlitten hergerannt.

Schreibe hier die Namenwörter richtig in Einzahl und Mehrzahl:

_____

_____

_____

_____

_____

_____

_____

Schreibe deine eigene Schneegeschichte:

_____

_____

_____

_____

_____

_____

_____

_____

_____

_____

G2 = rot

Name: _____ | Datum: _____

Für Naturforscher: Warum schneit es?

So schneit es im Märchen:
Frau Holle schüttelt die Betten.
Die Bettfedern fallen als Schneeflocken zur Erde.

So schneit es in Wirklichkeit:
Auf unserer Erde verdunstet immer Feuchtigkeit
und steigt in die Luft hinauf.
Sie sammelt sich hoch oben in den Wolken und fällt
als Regen wieder auf die Erde hinab.

Im Winter ist es oft sehr kalt.
Wenn die Temperatur **unter** 0 Grad fällt, dann wer-
den in den Wolken aus den Regentropfen winzige
Schneekristalle in wunderschönen Formen: Alle
Schneekristalle sind Sterne mit sechs **Zacken** – und
jeder Schneestern sieht **verschieden** aus.

Meistens hängen sich viele **Schneesterne** zu
Schneeflocken zusammen. Wenn es sehr kalt ist,
bleiben die Schneeflocken **klein.** Wenn es **wärmer**
ist, fallen große Schneeflocken vom Himmel.

(Text und Illustrationen nach Beckstein, M., Regitz, B., Widder, B., Winter in
der Grundschule. Prögel Praxis Bd. 167. 1997 Oldenbourg Schulbuchverlag)

Kannst du das jetzt erklären?
Setze die dick gedruckten Wörter richtig in den Text ein.

Wenn es sehr kalt ist, bei Temperaturen _____ 0 Grad, werden
aus den Regentropfen _____.

In einer Schneeflocke sind viele _____.

Jeder Schneestern hat sechs _____ und jeder
Schneestern sieht _____ aus.

Wenn es _____ ist, fallen große Schneeflocken auf die
Erde.

Wenn es sehr kalt ist, bleiben die Schneeflocken _____.

G2 = rot

Name: _____ Datum: _____

Arbeitskarte: Frühling/Ostern

Nr.	Auftrag	Chefunterschrift	er-ledigt
1	Lesetext „Frosch"		
2	Die Entwicklung des Frosches		
3	Frühblüher im Garten		
4	Frühlingspuzzle		
5	Stups, der kleine Osterhase		
6	Wunderschöne Ostereier malen		
7	Osterhasengeschichte		
8	Bastelarbeit: Fensterschmuck		
9	Frühblüher im Wald		
10	Osterhasengeschichte		
11	Sabefix		
12	Osterhasenspiel		
13	Auf dem Schulgelände		
14	Ostereierbuch		
15	Frühlingsdomino		
16	Mathematix		
17	Osterrätsel		
18	Die Tulpe		
19	Gedicht: Das Ei		
20	Klappkarte		
21	Versteckte Eier		
22	Eiersprüche		
23	Gedicht: Frühling		
24	Blumen im Garten		

Name: _____ Datum: _____

Arbeitskarte: Frühling/Ostern

Nr.	Auftrag	Chefunterschrift	er-ledigt
1	Lesetext „Frosch"		
2	Die Entwicklung des Frosches		
3	Frühblüher im Garten		
4	Frühlingspuzzle		
5	Stups, der kleine Osterhase		
6	Wunderschöne Ostereier malen		
7	Osterhasengeschichte		
8	Bastelarbeit: Fensterschmuck		
9	Frühblüher im Wald		
10	Osterhasengeschichte		
11	Sabefix		
12	Osterhasenspiel		
13	Auf dem Schulgelände		
14	Ostereierbuch		
15	Frühlingsdomino		
16	Mathematix		
17	Osterrätsel		
18	Die Tulpe		
19	Gedicht: Das Ei		
20	Klappkarte		
21	Versteckte Eier		
22	Schnee im April		
23	Wie Blumen sind		
24	Diktat		

Auftrag 2: Die Entwicklung des Frosches

1. Lies den Text gut durch.
2. Schau dir ganz genau das Bild mit dem Teich an.
3. Klebe die fünf Bilder in der richtigen Reihenfolge ein.
4. Male die Blätter schön an und lege sie in den Hängeordner. (Du darfst noch einen Frosch dazu falten und daraufkleben.)

Hilfe und Kontrolle:

Auftrag 4: Frühlingspuzzle

1. Schneide die Puzzle-Teile aus.
2. Klebe die Puzzle-Teile auf der oberen Hälfte eines farbigen Blattes zusammen.
3. Male ein passendes Bild darunter.

Hilfe und Kontrolle:

Auftrag 1: Lesetext „Frosch"

1. Lies eine Geschichte vom Frosch.
2. Erzähle dem Chef, was für dich dabei besonders interessant war.

Hilfe und Kontrolle:

Auftrag 3: Frühblüher im Garten

1. Schreibe die Blumennamen unter die Blumen. (Hilfe findest du in den Büchern)
2. Male die Blumen richtig an.
3. Schneide die Blumen aus und klebe sie auf ein farbiges Blatt.

Hilfe und Kontrolle:

Auftrag 5: **Stups, der kleine Osterhase**

1. Lies den Text und male zwei passende Bilder.
2. Lerne die ersten beiden Strophen auswendig.

Hilfe und Kontrolle:

Auftrag 7: **Osterhasengeschichte**

1. Schreibe zu dem Bild eine kleine Geschichte.
2. Male das Bild schön an.

Hilfe und Kontrolle:

Auftrag 6: **Wunderschöne Ostereier malen**

1. Male die angefangenen Eier fertig.

Hilfe und Kontrolle:

Auftrag 8: **Fensterschmuck**

1. Bastle eine Tulpe oder eine Osterglocke.
   Tulpe: Blüte falten, Stängel und Blätter nach der Schablone schneiden.
   Osterglocke: nach den Schablonen ausschneiden.
2. Klebe deine Blume ans Fenster.

Hilfe und Kontrolle:

Auftrag 9: **Frühblüher im Wald**

1. Male ein Wald-Bild.
2. Schneide die Frühblüher aus und klebe sie in dein Bild.

Hilfe und Kontrolle:

Auftrag 10: **Osterhasengeschichte**

1. Erfinde eine Osterhasengeschichte.
2. Male zum Bild noch etwas dazu.
3. Schneide das Bild und die Geschichte aus und klebe alles auf farbiges Papier.

Hilfe und Kontrolle:

Auftrag 11: **Sabefix**

1. Bearbeite „Backstube Muckmuck"

Hilfe und Kontrolle:

Auftrag 12: **Osterhasenspiel**

1. Lest die Spielanleitung genau.
2. Spielt das Spiel.

Hilfe und Kontrolle:

Auftrag 14: **Ostereierbuch**

1. Nimm dir eine Bastelanleitung und ein Vorlagen-Ei heraus.
2. Gehe damit in die Bastelecke und stelle das Ostereierbuch her.

Hilfe und Kontrolle:

Auftrag 16: **Mathematix**

1. Bearbeite Einlageblatt Nummer ☐

Hilfe und Kontrolle:

Auftrag 13: **Auf dem Schulgelände**

1. Gehe nach draußen.
2. Setze dich auf unserem Schulgelände irgendwo ruhig hin.
3. Woran merkst du, dass es Frühling ist?
4. Schreibe alles auf.
5. Male dazu.

Hilfe und Kontrolle:

Auftrag 15: **Frühlingsdomino**

1. Male die Bilder an.
2. Schneide das Domino aus.
3. Klebe es **in der richtigen Reihenfolge** auf das „Kästchenblatt".

Hilfe und Kontrolle:

Auftrag 17: Osterrätsel

1. Löse das Rätsel.
2. Trage das Lösungswort unten ein.
3. Male das Blatt an.

Hilfe und Kontrolle:

Auftrag 18: Die Tulpe

1. Beschrifte die Tulpe.
2. Male sie an.

Hilfe und Kontrolle:

Auftrag 19: Das Ei

1. Lies das Gedicht.
2. Schreibe es sauber auf ein weißes Blatt.
   Benutze ein Blatt mit Linien.
3. Lerne das Gedicht auswendig.
4. Verziere das Blatt.

Hilfe und Kontrolle:

Auftrag 20: Klappkarte

1. Nimm dir eine Bastelanleitung, einen Hasen, ein
   Ei und eine DIN-A4-Pappe mit in die Bastelecke.
2. Arbeite dort, bis die Karte fertig ist.

Hilfe und Kontrolle:

Auftrag 21: Versteckte Eier (G1)

1. Zähle alle Ostereier. Schreibe die Zahl auf.
2. Zähle alle Tulpen. Schreibe die Zahl auf.
3. Zähle alle Osterglocken. Schreibe die Zahl auf.

Hilfe und Kontrolle: G1 = grün

Auftrag 21: Versteckte Eier (G2)

1. Lies den Text gut durch.
2. Setze die untenstehenden Wörter an der richtigen Stelle ein.
3. Unterstreiche die Wiewörter blau.
4. Male das Bild an.

Hilfe und Kontrolle: G2 = rot

Auftrag 22: Eiersprüche (G1)

1. Suche dir einen Spruch aus.
2. Schreibe den Text auf ein weißes Blatt.
3. Male dazu.

Hilfe und Kontrolle: G1 = grün

Auftrag 22: Schnee im April (G2)

1. Lies das Gedicht.
2. Schreibe das passende Reimwort in die Lücken.
3. Die Reimwörter findest du auf dem Bild. Schau genau!

Hilfe und Kontrolle: G2 = rot

Auftrag 23: **Gedicht vom Frühling** (G1)

1. Lies das Gedicht oder lasse dir das Gedicht von einem Mitschüler vorlesen.
2. Male Sachen aus dem Gedicht auf das Blatt.
3. Verziere das Blatt.

Hilfe und Kontrolle: G1 = grün

Auftrag 24: **Blumen im Garten** (G1)

1. Lies den Text dreimal.
2. Schreibe ihn auf ein weißes Blatt.
3. Schneide ihn aus.
4. Klebe ihn auf ein farbiges Blatt.
5. Male dazu.

Hilfe und Kontrolle: G1 = grün

Auftrag 23: **Wie Blumen sind** (G2)

1. Bearbeite Nummer 1.
2. Schreibe bei Nummer 2 noch vier weitere Beispiele dazu.

Hilfe und Kontrolle: G2 = rot

Auftrag 24: **Diktat** (G2)

1. Bearbeite Aufgabe 1, 2 und 3.
2. Benutze dazu ein weißes Blatt und verziere es zum Schluss.

Hilfe und Kontrolle: G2 = rot

Name: _____   Datum: _____

Wie quakt der Frosch?

Frösche gibt es auf der ganzen Welt.
Sie leben immer in der Nähe von Wasser,
an Teichen, Tümpeln oder im Gras.

Die Wasserfrösche sind die Meisterquaker.
Die Männchen haben zwei Schallblasen
hinter den Mundwinkeln.
Mit diesen können sie mächtigen Lärm machen.

Der Frosch bläst seine Schallblasen auf.
Dabei entsteht das Quaken.
Damit werden die Weibchen angelockt.

Aus: Mimi, die Lesemaus, 1987 Oldenbourg Schulbuchverlag

Weitere Texte aus vorhandenen Sachbüchern anbieten.
z. B.: Ich bin der Frosch, 1991, Mosaik Verlag, München,
ISBN 3-576-10147-0

Name: _____ Datum: _____

Die Entwicklung des Frosches

Das Froschweibchen legt viele kleine Eier in einem Klumpen im Teich ab. Den Klumpen nennt man Laich.

Daraus schlüpfen Lebewesen mit einem länglichen Schwanz und Kiemen am Kopf wie ein Fisch. Diese Lebewesen nennt man Kaulquappen.

Nun wachsen langsam Hinterbeine.

Dann wachsen Vorderbeine, der Schwanz schrumpft und die Kiemen verschwinden.

Jetzt ist die Entwicklung zu Ende. Der Frosch sitzt am Ufer und atmet.

Name: _____ Datum: _____

Die Entwicklung des Frosches

Schneide die fünf Bilder unten aus und klebe sie in der richtigen Reihenfolge auf.

①	②	③
④	⑤	

Name: _____

Datum: _____

Frühblüher im Garten

Name: _____   Datum: _____

Frühlingspuzzle

Frühling! ❀
da.
der Erde.

Es ist
der Frühling
gucken aus
sind wieder da

❀
Nun ist
Die Blumen
Die Vögel
Die

Menschen treffen
draußen auf der
genießen die

und zwitschern.
sich wieder
Straße und
ersten Sonnenstrahlen.

Name: _____   Datum: _____

Stups, der kleine Osterhase

Stups, der kleine Osterhase, fällt andauernd auf die Nase,

ganz egal, wohin er lief, immer ging ihm etwas schief.

Neulich legte er die **Eier**
in den **Schuh** von **Fräulein Meier**,
früh am Morgen stand sie auf,
da nahm das Unglück seinen Lauf.
Sie stieg in den Schuh hinein,
schrie noch einmal kurz „oh nein",
als sie dann das **Rührei** sah,
wusste sie schon, wer das war.

In der **Osterhasen-Schule**
wippte er auf seinem **Stuhle**
mit dem **Pinsel** in der Hand,
weil er das so lustig fand.
Plötzlich ging die Sache schief,
als er nur noch „Hilfe" rief,
fiel der bunte **Farbentopf**
ganz genau auf seinen **Kopf**.

Musik und Text: Rolf Zuckowski
© Mit freundlicher Genehmigung MUSIK FÜR DICH
Rolf Zuckowski OHG, Hamburg.

Name: _____ Datum: _____

Wunderschöne Ostereier malen

Name: _____   Datum: _____

Aus: Heinevetter Verlag Hamburg, Jürgen Reichen, Osterwerkstatt: Vau – Emm mit, 12 c,
Arbeitsblatt 5

Fensterschmuck

Wir falten eine Tulpe

1. Falte aus einem Quadrat ein Dreieck.
2. Falte das Dreieck noch einmal zu einem kleineren Dreieck.
3. Klappe es wieder auf. Dann hast du das große Dreieck.
4. Jetzt kannst du die Ecken hochklappen und erhältst eine Tulpe.
5. Schneide die Vorlage vom Stängel mit den Blättern aus.
6. Klebe die Tulpe mit Klebestreifen an das Fenster.

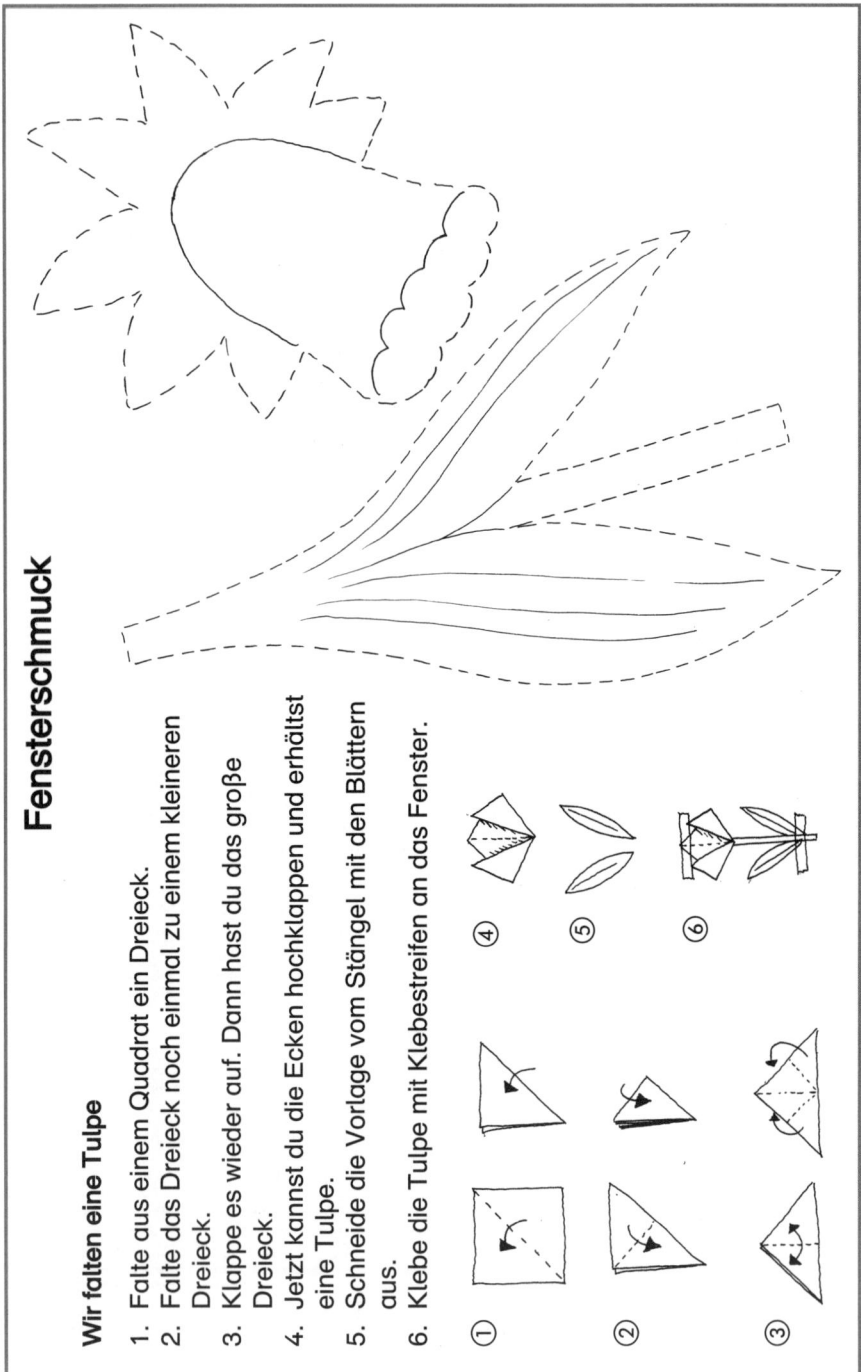

Name: _____   Datum: _____

Frühblüher im Wald

Schlüsselblume

Walderdbeere

Lungenkraut

Huflattich

Taubnessel

Veilchen

Buschwindröschen

Name: _____ | Datum: _____

Osterhasengeschichte

_____

_____

_____

_____

_____

_____

Osterhasenspiel

Spielanleitung:

- Du brauchst:
  - einen Würfel
  - Spielfiguren

- Wer die höchste Zahl würfelt, darf anfangen.

- Gewonnen hat, wer als Erster ins Ziel kommt.

Text für die nummerierten Eierfelder

1. Du hast den zweiten Eierkorb vergessen. Gehe noch einmal zurück zum Start.

2. Du hast Glück und hast alle Ostereier gefunden. Würfle noch einmal.

3. Um die Brücke zu überqueren, brauchst du vier rot bemalte Eier, die du dort versteckst. Setze einmal aus, um sie zu bemalen.

4. Dir ist der ganze Eierkorb heruntergefallen. Zurück zum Start!

5. Du bist ziemlich unter Zeitdruck. Nimm die Abkürzung durch den Wald.

6. Dir ist langweilig, wechsle mit deinem rechten Nachbarn die Spielfigur.

7. Du bist schon genau 18 Felder gelaufen, hast 20 Eier versteckt und bist immer noch fit. Hüpfe vor bis zum nächsten nummerierten Ei.

8. Du schaust immer auf dasselbe Ei! Wechsle mit deinem linken Nachbarn den Platz.

9. Du willst so schnell wie möglich ins Ziel. Doch du brauchst dafür genügend Anlauf. Gehe zwei Felder zurück.

Viel Spaß!

| Name: _____ | Datum: _____ |

Bastelanleitung

So kannst du ein Ostereierbuch basteln:

1. Nimm die Ei-Schablone.
2. Zeichne damit viermal die Eiform auf ein weißes Blatt.
3. Schneide die vier Eier aus, lege sie übereinander und hefte sie am linken Rand viermal zusammen.
4. Male die Vorder- und Rückseite wie ein Osterei an.
5. Auf die inneren Blätter kannst du einen Ostergruß oder ein kleines Ostergedicht schreiben.

✂

Vorlagenform für das Ostereierbuch Auftrag 14
(für den Lehrer)

Bitte auf Pappe
übertragen
und
als Schablone
zum Auftrag
legen.

Frühlingsdomino

	Im Garten blühen die Gänse-blümchen.		Vögel sammeln Material für ihren Nestbau.
	Kinder spielen Fußball.		Bäume und Sträucher werden grün.
	Tulpen blühen in allen Farben.		Ab und zu sieht man den Oster-hasen.
	Marien-käfer sitzen überall.		Schwalben fliegen am Himmel.
	Die Sonne wärmt unsere Gesichter.		Die Frösche quaken am Teich.

Name: _____   Datum: _____

Osterrätsel

OS
HA   TER
     SE

PE
   TUL

CHEN   SCHNEE
     GLÖCK

OS
   GLO
TER   CKE

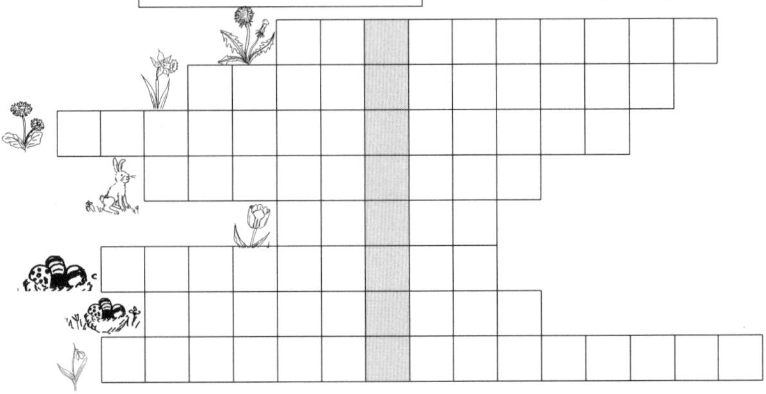

HUF
   LAT
TICH

TER   ER
OS   EI

TER
OS   NEST

SE   CHEN
GÄN   BLÜM

Das Lösungswort heißt ⬜⬜⬜⬜⬜⬜⬜⬜⬜

Lösung:

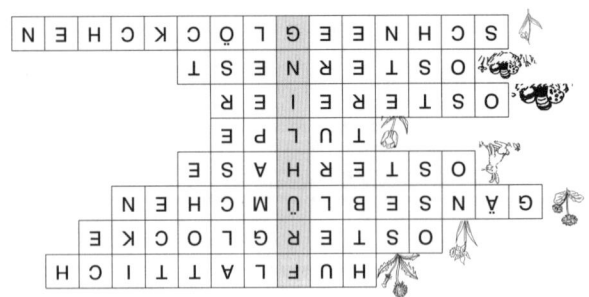

Name: _____ Datum: _____

Die Tulpe

Setze diese Wörter richtig ein:
Wurzel, Stängel,
Blüte, Blatt,
Zwiebel.

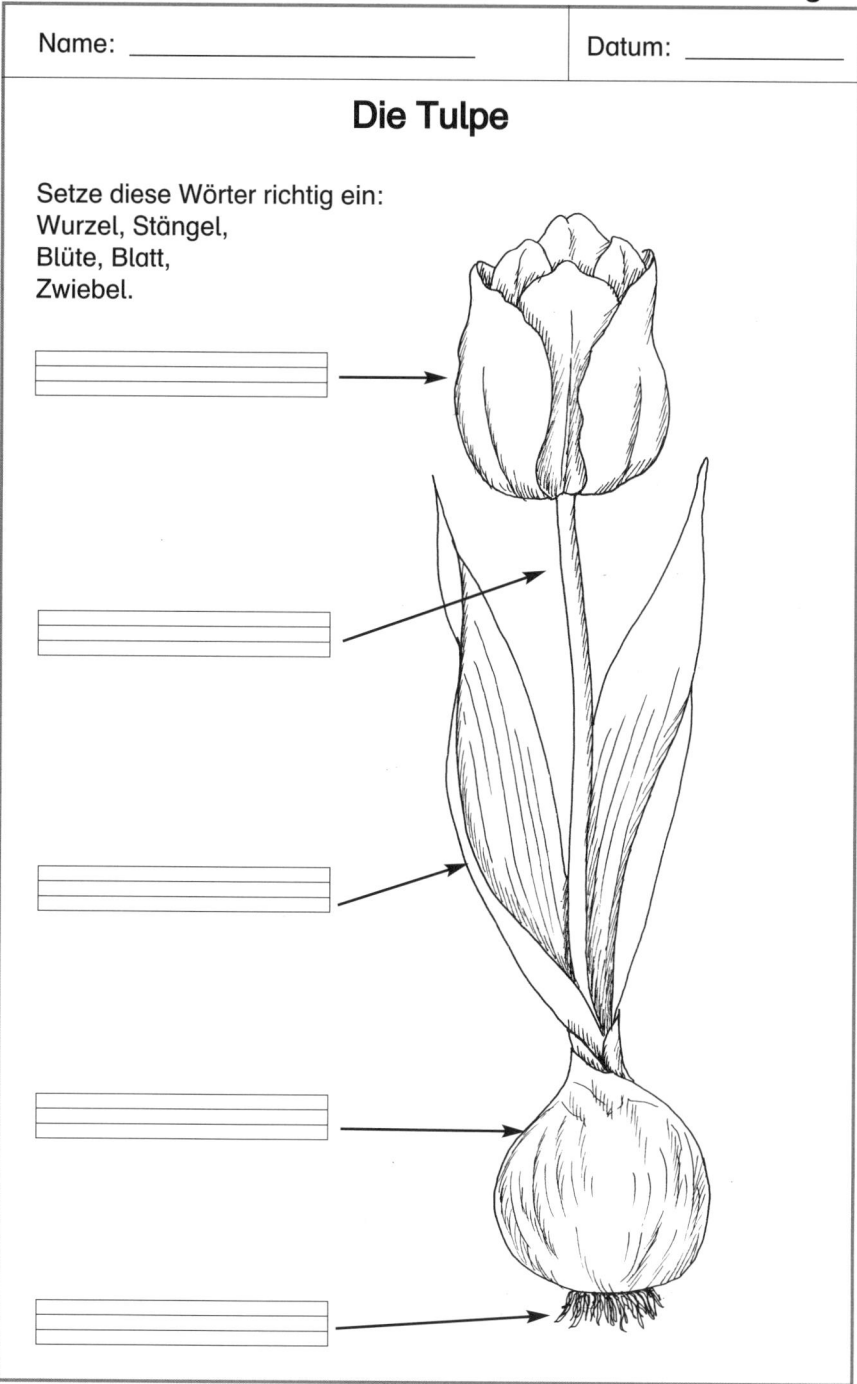

Name: _____   Datum: _____

Das Ei

Das Huhn, das hat mich Stück für Stück
aus seinem Hühnerpo gedrückt.
Dann hat es mich stolz angesehn
und fand mich unbeschreiblich schön.

Und in mir ist ganz nebenbei
das Gelbe vom Ei.

Fredrik Vahle

Aus: Fredrik Vahle, Fischbrötchen beim Friseur. Middelhauve Verlag, München
1990.

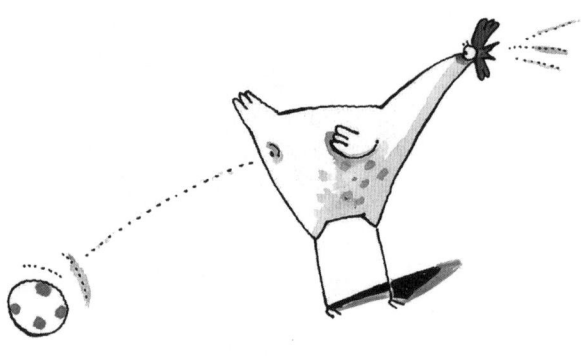

Bastelanleitung Klappkarte

1. Falte die Pappe einmal in der Mitte und schneide sie viermal so ein, wie du es auf dem Bild siehst.

2. Jetzt klappst du die Karte wieder auf und drückst die Laschen nach innen.

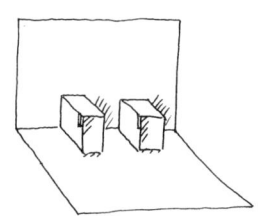

3. Lege die Schablonen „Hase" und „Ei" auf ein weißes Papier und schneide beides aus. Male es so an, wie du es möchtest.

 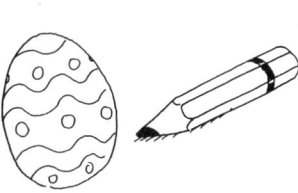

4. Klebe Hase und Ei nun auf die Laschen.

5. Wenn der Kleber gut getrocknet ist, schreibe innen oder außen auf deine Karte einen Ostergruß.

Name:	Datum:

Versteckte Eier

Ich habe _____ Ostereier gefunden.

Ich habe _____ Tulpen gefunden.

Ich habe _____ Osterglocken gefunden.

Name: _____   Datum: _____

Versteckte Eier

① Es ist ein _____ Morgen im Frühling.

_____ Tulpen und _____ Osterglocken

blühen und überall im _____ Garten sind

_____ Eier versteckt. Im Hause ist noch alles _____.

Doch bald werden die _____ Kinder aufgeregt auf-

wachen. Dann laufen sie _____ hinaus und suchen

eifrig nach den _____ Ostereiern.

bunt		rot	klein	grün
schön	still	gelb	schnell	versteckt

② Wie viele Eier findest du? [   ]

Eiersprüche

Mein Vater kaufte sich ein Haus.
An dem Haus war ein Garten.
In dem Garten war ein Baum.
Auf dem Baum war ein Nest.
In dem Nest war ein Ei.
In dem Ei war ein Dotter.
Im Dotter war ein Osterhase,
der beißt dich in die Nase.

Nimm hin dies Ei
und denk dabei,
dass es von
deiner Freundin
sei.

Ich schenke dir
ein Osterei.
Wenn du's zerbrichst,
so hast du zwei.

In Liebe hab ich
dein gedacht
und dir dieses
Ei gebracht.

Ich gebe dir ein Osterei
als kleines Angedenken,
und wenn du es nicht haben willst,
so kannst du es verschenken.

Ostersprüche,
ei der Daus,
da such ich mir einen aus!
Schreib ihn ohne Zauberei
auf ein weißes Osterei.
Jemand, den ich gerne mag,
bekommt es dann am Ostertag.

Alle Texte sind Volksgut.

Name: _____   Datum: _____

Schnee im April

April – auf einmal schneit es _____.
Aus den Wolken schwebt es **nieder,**

Frösche, die am Weiher _____,
seh'n erstaunt die weißen **Flocken.**

Sind das wohl besondere _____,
weiße zwar, doch leicht zu **kriegen?**

Und sie sitzen still und **faul,**
Augen zu, weit auf das _____.

Doch was reinfliegt – eins, zwei, _____,
wird's zu Wasser: **Zauberei!**

Zu leerem Wasser, das nichts _____.
Man sieht sich an. Man ist **verdutzt.**

„Dieses ist", der Dickste _____,
„ein Aprilscherz, weiter **nichts.**

Nichts als Unfug sozusagen.
Ich, Genossen, ich geh' baden!"

Platsch!
„Ich auch!" „Ich auch!" „_____"!

Platsch! Platsch! Platsch!
klatscht **Bauch um Bauch.**

Aus: Josef Guggenmos, Ich will dir was verraten. Beltz & Gelberg in der Verlagsgruppe Beltz, Weinheim & Basel

Frühling

Die Amsel singt,
und dein Gummiball springt.
Die Sonne flirrt,
und dein Sprungseil schwirrt.

Der Apfelbaum blüht,

und dein Rollschuh zieht
eine schnurgerade Bahn.
Und ein alter Mann
spazieren geht …
Und dein Kreisel dreht
sich rundherum.
Und du weißt nicht,
warum du so fröhlich bist?

Weil Frühling ist!

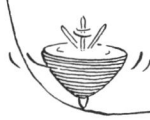

Aus: Hans-Joachim Gelberg (Hrsg.): Die Stadt der Kinder. Beltz & Gelberg in der
Verlagsgruppe Beltz, Weinheim & Basel

Name: _____ Datum: _____

Wiewörter

bissig	wachsam	klug	frisch	schlau
müde	blau	duftend	gelb	weiß

① Schreibe auf, wie Blumen sein können. Benutze nur Wiewörter aus dem Kasten.

_____

_____

_____

② Schreibe so:

die weiße Blume

_____ _____

_____ _____

③ Findest du noch mehr Wiewörter, die zu Blumen passen? Schreibe sie auf.

_____

_____

Name: _____   Datum: _____

Blumen im Garten

In unserem Garten
blühen bunte Blumen.
Die Tulpen haben
gelbe und rote Blüten.
Die Rosen sind rot.

Name: _____ Datum: _____

Blumen im Frühling

Im Frühling gibt es bunte
Wiesen und Gärten.
Die Bäume fangen an zu blühen.
Wir finden schöne Blumen
in allen Farben.
In meinem Garten wachsen
Tulpen und Narzissen.
Auf den Wiesen finde ich
Löwenzahn und Gänseblümchen.

①

②

③ Schreibe alle Wörter mit Umlauten zweimal.

 © Oldenbourg Schulbuchverlag GmbH, PRAXIS Bibliothek 255, Kursbuch jahrgangsübergreifender Unterricht

| Name: _____ | Datum: _____ |

Arbeitskarte

Nr.	Auftrag	Chefunterschrift	erledigt
1			
2			
3			
4			
5			
6			
7			
8			
9			
10			
11			
12			
13			
14			
15			
16			
17			
18			
19			
20			
21			
22			
23			
24			

So habe ich gearbeitet: ☺ ☹ ☹

Am besten hat mir _____

gefallen, weil _____

_____.

Auftrag ___ : _____

Hilfe und Kontrolle:

Auftrag ___ : _____

Hilfe und Kontrolle:

Auftrag ___ : _____

Hilfe und Kontrolle:

Auftrag ___ : _____

Hilfe und Kontrolle:

Die Autorinnen

Elke van der Linde, Lehrerin an einer Grundschule im Raum Ravensburg; Schulentwicklungsberaterin für alle Schularten beim Regierungspräsidium Tübingen. In der Lehrerfortbildung regional und überregional tätig in den Bereichen Jahrgangsübergreifendes Lernen, Mathematik und Deutsch.

Ursula Schagerl, Lehrerin für die Eingangsstufe in mehreren Nürnberger Brennpunktschulen, auch in jahrgangsübergreifenden Klassen. Langjährig tätig in der praktischen Ausbildung von Lehramtsstudenten und in der Lehrerfortbildung, vor allem zum Thema Schriftspracherwerb. Mitautorin des Unterrichtswerkes „Start frei" und Referentin bei zahlreichen Fortbildungsveranstaltungen für den Oldenbourg Schulbuchverlag.